Nombres propios

Cristina Zabalaga

Sudaquia Editores.
New York, NY.

NOMBRES PROPIOS BY CRISTINA ZABALAGA
Copyright © 2016 by Cristina Zabalaga. All rights reserved
Nombres propios

Published by Sudaquia Editores
Collection design by Sudaquia Editores
Cover image by Joanna Latka. Título: "Rio das Almas"
Author photo by Kolbrún Kristjánsdóttir

First Edition Sudaquia Editores: septiembre 2016
Sudaquia Editores Copyright © 2016
All rights reserved.

Printed in the United States of America

ISBN-10 1944407138
ISBN-13 978-1-944407-13-1
10 9 8 7 6 5 4 3 2 1

Sudaquia Group LLC
New York, NY

For information or any inquires: central@sudaquia.net

www.sudaquia.net

The Sudaquia Editores logo is a registered trademark of Sudaquia Group, LLC

Índice

A Martín, siempre.
Y a León, que le gustan tanto las historias.

Traté de recordarle su percepción exacta el tiempo,
de nombres propios, pero no me hizo caso.
"Funes el memorioso", Ficciones, Jorge Luis Borges

O que me tranquiliza é que tudo o que existe,
existe com uma precisão absoluta.
"A Perfeição", Clarice Lispector

Tout ce que l'on aime devient fiction.
"Tokyo Fiancée", Amélie Nothomb

Pasternak conoce a Sol

Pasternak quiere salir con Sol, pero no se atreve a decírselo.

Para Pasternak es más fácil enumerar lo que piensa y escribirlo.

Puede ser algo como: *#Amor hoy he descubierto que te amo.*

O: *quiero salir contigo, ¿me querés?*

Todo empezó hace un par de semanas en la playa.

Unos perros enormes corriendo por la orilla con la lengua afuera, una tarde tirado al sol, el mar, las olas medianas, una cerveza fría con papas fritas, seguida de un helado de crema y medio paquete de galletas con chocolate.

Sol llega sonriendo. No es que le sonría a él en particular, Sol sonríe en general, a sus amigas, a Pasternak, al vendedor de helados.

Sol es feliz.

Pasternak no puede creer la suerte que tiene.

Sol llega tarde a la playa.

Pasternak había llegado temprano.

Sol llega envuelta en un pareo amarillo.

Pasternak llegó con una mochila de libros y una bolsa de comida en la mano.

Sol llega con una cámara de fotos.

Pasternak camina sobre la arena.

Sol corre.

Pasternak tarda en decidirse dónde poner su toalla.

Sol se saca el pareo y lo usa para envolver la cámara antes de meterse en el mar.

Pasternak no entiende cómo Sol piensa secarse al salir y está preocupado por la cámara.

Antes de enamorarse de Sol, él ya se preocupa por sus cosas.

Pasternak decide vigilar la cámara.

A sus amigas parece no importarles la cámara, se ponen a hablar con el vendedor de helados de espaldas al pareo. Él se sienta, alerta, dispuesto a impedir el robo de la cámara. Pasternak cree que las amigas de Sol son unas desubicadas.

Sol tarda en volver.

Pasternak se pone nervioso y le reprocha en silencio la imprudencia de haber dejado una cámara envuelta en un pareo tirada en una playa cualquiera.

Pasternak se distrae con sus pensamientos convertidos en oraciones.

Un joven atlético impide el robo de una cámara.

Pasternak no es precisamente un joven atlético, es joven, y punto.

Muchacha morena de cabellos largos besa a un joven en la playa.

Sol tiene el cabello lacio hasta la cintura y está bronceada, no es exactamente morena.

Dos jóvenes se besan al atardecer.

Sol todavía no aparece.

Muchacha ahogada al mediodía.

Pasternak maldice a Sol y a sus amigas.

Grupo de amigas mordidas por un dóberman con rabia.

Sol sale del mar y se acerca corriendo.

Pasternak se hace el sorprendido.

Sol le sonríe y se sienta sobre la arena muy cerca a él.

Se seca las manos con una esquina del pareo y recoge la cámara.

Saca fotos del mar, de las olas, de la puesta de sol, de ella misma. Empieza con sus pies, luego sus rodillas, su espalda, sus lunares diminutos, su cabello mojado, sus labios pequeños y delgados.

Sol llama a sus amigas. Ellas se acercan. El vendedor de helados deja su puesto y las sigue. Sol les saca fotos a sus amigas, ellas se aproximan a la cámara, se arreglan el cabello. Todas se ponen gafas de sol, una se sujeta el pareo, otra abraza al vendedor de helados.

El vértigo y los calambres preceden la insolación brutal de unas muchachas taradas.

Las amigas de Sol se sientan junto a ella y Sol le alcanza la cámara de fotos al vendedor de helados.

Desaparece un vendedor de helados con una cámara de fotos.

Ellas posan riéndose, se paran, se abrazan, corren. El vendedor de helados las sigue con la cámara.

Algunas se lanzan al mar, otras se quedan en la orilla sin atreverse a entrar.

Muchachas mutiladas por un ataque de tiburón.

¡Sol! ¡Sol! La llaman a los gritos.

Sol desaparece detrás de una ola.

Sol sale y se acerca corriendo.

Pasternak no se atreve a mirarla de frente. Sol le salpica los cachetes con sus cabellos. Él se estremece de frío. Ella se ríe y le pregunta si puede sacar una foto del grupo. Él asiente, se para y camina detrás de ella como hipnotizado. El vendedor de helados se acerca a él y lo saluda como si lo conociera de toda la vida.

Joven atlético pierde la paciencia y pisotea una cámara de fotos.

Pasternak evita mirarlo a los ojos, tampoco le responde al saludo.

Un carrito de helados incendiado en una playa cualquiera.

El vendedor de helados palmea la espalda de Pasternak antes de meterse al mar.

Una sensación de vértigo, mareos y calambres preceden la deshidratación total de un vendedor de helados en verano.

Todos corren a meterse al agua.

Medusas eléctricas invaden la costa Atlántica.

Pasternak ve a Sol a través del objetivo. La sigue con la cámara, se olvida de disparar, ellos están tan lejos que no se dan cuenta, saludan y sonríen hacia donde está Pasternak, Sol incluida, ahora está sonriendo para él, de eso está seguro.

Una morena se abalanza sobre un joven atlético.

Sol es la primera en salir del mar. Pasternak la ve acercarse a través del objetivo. Pasternak se enamora de Sol.

Un joven tímido abraza y luego besa a una muchacha feliz.

Pasternak le devuelve la cámara a Sol, y ella lo abraza por los hombros, junta con decisión su cara a la de él y sonríe.

En la foto Sol mira a la cámara y Pasternak mira a Sol. Sol le da un beso mojado en la mejilla y desaparece con la cámara. Pasternak ya no tiene nada más que hacer en la playa, recoge sus cosas y se va sin mirar atrás.

Al día siguiente Pasternak vuelve a la playa y se queda hasta el anochecer, Sol no aparece. Él vuelve el día que sigue, y el que sigue, y el que sigue.

Pasternak espera a Sol con la tapa de la botella de agua que Sol utilizó para lavarse la cara. Una tapa transparente con letras azules que Pasternak lleva donde vaya, como un amuleto de la suerte y del amor que cree haber encontrado.

Y Pasternak aparece, sin querer, en una foto que Sol ha colgado en la cabecera de su cama. En la foto están las amigas de Sol, el vendedor de helados, y de fondo la mitad de la toalla y la espalda de Pasternak.

Pasternak vuelve a ver a Sol tres semanas más tarde. Ya no hace tanto calor. Esta vez Sol no trae la cámara de fotos y tampoco el pareo amarillo. Llega sola. Se sienta sobre la arena sin mirar a Pasternak. Después de fumar varios cigarrillos, uno detrás de otro, Sol se para, sacude su vestido y se va.

Pasternak no se lo puede creer.

Joven atlético muere ahogado en una playa cualquiera.

Sol no lo ha reconocido.

Todo indica suicidio por #Amor.

Las maletas de Lenin

Lenin es un poeta.

Aunque tenga nombre de actor de segunda, es una persona seria y reservada. Es tímido comparado con un actor, pero no si lo comparamos con otros poetas.

Al final todo es cuestión de con quién te comparas.

Para algunos puede verse como una persona reservada.

Para Olivia, Lenin es un desgraciado, un torpe que no sabe controlarse de la cintura para abajo.

Todo depende de la perspectiva.

Olivia está equivocada y no conoce lo suficiente a Lenin como para saber que Lenin se avergüenza y suele meter la pata cuando está a solas con una mujer.

El punto de vista de esta historia es el de Lenin.

Es una historia parcial que favorece lo que Lenin piensa, siente y quiere.

A pesar de que Olivia ahora esté llorando porque acaba de perder a su hermana gemela en un accidente, y como consecuencia se enferma al dejar de comer, de reír, de sentir y casi se muere; a pesar de que la situación de Olivia es desesperada y terrible, no hay nada que se pueda hacer, ella ya no está con Lenin, y quizás esto será lo último que sabremos de Olivia.

Tina todavía no conoce a Lenin.

En unos días Lenin encontrará trabajo en la librería donde trabajan Tina y Toledo. Al poco tiempo de conocer a Tina, Lenin se enamorará perdidamente de ella, tan rápido como se enamoró de Olivia.

¿Qué hará Tina?

Lenin y Tina, como para morirse de risa, opina Toledo, que suele hacerse la burla de todas las personas que conoce.

Lenin todavía no conoce a Toledo.

Por ahora Tina no existe, como tampoco existe su amiga francesa o su amigo alemán, y Toledo todavía no le ha dicho a Lenin que Tina es una alienada porque sólo se mete con extranjeros.

Tina, Toledo y Lenin, los tres trabajan en la librería.

Lo que les pagan es una miseria.

Tina trabaja por las noches en una línea erótica.

Toledo es instructor de gimnasio por las mañanas.

Y Lenin labura los fines de semana en el aeropuerto.

Durante veinticuatro horas seguidas Lenin carga y descarga maletas. Maletas pequeñas, bolsones grandes, valijas de colores, de cuero negro, otras de tan mala calidad que se rompen a la primera, algunas tan pesadas que apenas alcanza a levantar.

Lenin nunca ha viajado en avión. No está seguro de querer hacerlo. El sonido de los aviones es infernal y sólo verse encerrado dentro de uno se siente mareado. Esto es lo más cercano a un ataque de pánico que Lenin ha sentido hasta ahora.

A veces Lenin se equivoca.

Generalmente sucede después de quince horas de trabajo, un sándwich de mortadela con pepinillo y mayonesa, cinco tazas de café y una Coca-Cola.

Por culpa de Lenin una persona en cualquier lugar del mundo se verá obligada a lavar su ropa interior en el baño de un hotel hasta que encuentren su maleta y se la envíen en el próximo avión, porque un desgraciado-hijo-de-puta mandó su maleta al lugar equivocado.

Por lo general Lenin está tan cansado que ni siquiera le da el cuerpo para sentirse culpable.

No le importa.

La mayoría de las veces ni se entera.

Lenin trabaja en el aeropuerto para poder trabajar en la librería y leer libros gratis.

O es un cojudo porque pierde su tiempo en trabajos de tres al cuarto porque no es capaz de comprometerse con la vida, consigo mismo o con ninguna mujer. Esto es lo que pensó Olivia antes de dejar a Lenin.

Tina nunca pensará así, porque a Tina no le importa su futuro con Lenin, y mucho menos el futuro de él.

Tina aún no conoce al perro de Lenin, ni a su hermano, los tres igual de insoportables.

Por ahora Tina está cansada, anoche durmió mal. Pésimo. Todo por culpa de su amiga francesa y otra de sus noches apasionadas con el amante de turno.

Tina abre una caja de libros que tiene que clasificar y colocar en las estanterías antes de que lleguen los clientes. Bosteza sin parar. Tina tiene treinta años y un par de canas. Lleva la cuenta. Son SIETE.

A Tina le gusta trabajar en la librería porque se siente más inteligente, y ser inteligente es sexy, sobre todo si tienes las piernas firmes y los senos grandes.

Lo único que le falta es un tatuaje.

La francesa es la mujer más atractiva que Tina conoce y tiene dos tatuajes. Una rosa por detrás de la oreja y una araña en el tobillo.

A Tina los tatuajes le fascinan. Tiene una lista de todos que le gustaría tener, sólo que todavía no se decide.

Una mariposa.

La letra T.

Un arcoíris.

La lista también incluye una araña y una rosa, como la francesa, pero a colores.

Tina no es como Lenin, los libros no le interesan en lo más mínimo, pero en una librería también venden revistas y a ella le gusta leer revistas de moda, películas y chismes de famosos.

Lucky me.

Luck.

Suerte en caracteres chinos.

A Tina le gusta Toledo porque es guapo y alto.

Lenin tiene caspa y los pectorales flácidos que parecen tetas de mujer.

Tina todavía no sabe que Toledo tendrá pectorales más flácidos que los que ahora tiene Lenin, quizás no lo sabrá nunca, para entonces ya no sabrá nada de Toledo, y se inventará una historia fantástica que contará al hijo de ambos. La historia describirá las habilidades de Toledo como astronauta, superhéroe, o soldado, y luego seguirá el trágico final flotando en el espacio junto a un cometa; picado por una araña gigante y venenosa; o acribillado a balazos en una emboscada, con su consiguiente subida al cielo y que en-paz-descanse.

Tina elige a Toledo porque es fuerte y tiene los ojos y el cabello claro. No como el cabello de Lenin, casi negro.

Para Tina, Lenin es sólo una excusa para llegar a Toledo.

Su historia con Lenin empieza un miércoles y acaba seis semanas más tarde. Lo suficiente como para que Toledo aparezca en su casa y se acueste con ella.

Un corazón rojo.

Una estrella fugaz.

Una paloma de la paz.

Es Sheila quien le abre la puerta a Lenin y se disculpa por Tina.

¿Sin una carta de despedida, ni nada? - pregunta Lenin.

Un sol radiante.

Una cara sonriente.

Dos palmeras con el mar de fondo.

Tina y Toledo están por empezar otro round de gemidos y Sheila se apura a despedir a Lenin lo más rápido que puede.

A Sheila, Lenin le da pena, pero no por eso piensa acostarse con él.

Toledo ignora que está preñando a Tina, sólo se preocupa por su performance frente al espejo del dormitorio.

Le gustan todos sus ángulos, de frente, de espaldas, de perfil. En el gimnasio Toledo pasa muchas horas al día viéndose en el espejo. Es la mejor parte de ser instructor. A veces se mira de reojo, otras se para de frente y se observa detenidamente. Empieza por sus pectorales, sigue con sus bíceps, abdominales, cuádriceps y termina con sus glúteos. También le gusta verse de espaldas, mueve sus brazos arriba, abajo, y a los lados.

Lo que más disfruta es tocarse los músculos cuando están en tensión.

Toledo está enamorado de sí mismo.

A Toledo le gusta que Tina tenga un espejo en su cuarto, verse desnudo lo vuelve loco, sólo de pensarlo se pone caliente y empieza a sudar. Es un espejo grande y ovalado. El cuerpo de Toledo, más la espalda y las piernas de Tina entran perfectamente.

Mientras tenga un espejo cerca donde mirarse está satisfecho. Cuando no tiene uno, utiliza su teléfono.

Colecciona selfies a colores.

Seis meses más tarde el espejo que tanto le gusta a Toledo se romperá durante el traslado de Tina.

Sheila será la encargada de botar los pedazos a la basura porque Tina está embarazada y hacerlo sería peligroso.

Al poco tiempo de nacer su hijo, Tina se hará un tatuaje, pero no será una araña, la paloma de la paz, la letra T, o un sol radiante, serán cuatro letras inscritas en su bajo vientre. Se tatuará M-A-M-A con guiones, pero sin acento porque queda feo ponerle acento a una letra mayúscula.

Quizás Tina sea un personaje más interesante que Lenin, porque Tina se volverá famosa con las fotos que venderá de su embarazo en una revista semiporno. Una publicación semanal que circula los sábados con noticias de deportes, fotos de futbolistas y de mujeres semidesnudas.

Tina es mucho más interesante que Lenin porque antes de nacer su hijo, se casará con un millonario que se la llevará a vivir a Los Ángeles.

Conocerá al gringo a través de la línea erótica en la que decide trabajar a tiempo completo durante su embarazo.

Lenin sabe que Tina está loca por Toledo.

Tina procura llamar la atención de Toledo acostándose con Lenin.

Lenin se hace al loco mientras le dice al oído esta colita está como para comerla, tus dientes son como perlas irregulares, o tus lunares son tan dulces como la leche de ordeño, entre otras vulgaridades cuando se acuesta con ella.

La francesa opina que es un buen plan.

Al alemán, Lenin no le importa gran cosa porque es un hombre, lo único que le interesa es que Tina esté disponible para acostarse con ella cuando está deprimido.

Un mes después su amiga vuelve a Francia. Con el tiempo sus cartas son menos frecuentes y más breves. Como está lejos, desaparece. El alemán también desaparece cuando formaliza la relación con su novia y adoptan un gato callejero, ya no está interesado en acostarse con Tina.

Cuando la francesa se va de la casa de Tina, llega Sheila.

Sheila es peluquera.

Tiene mal aliento.

Sheila se vuelve la mejor amiga de Tina y es la que soporta los golpes en la pared de los vecinos cuando los gemidos de Tina se escuchan en todo el edificio.

Sheila no le reprocha nada porque es una buena amiga.

Sheila desayuna con Lenin mientras Tina duerme un sábado por la mañana.

Sheila le hace el café a Lenin y lo escucha hablar de la nueva biografía de un tal Mark Twain o de una edición inédita de un poeta portugués que Sheila ya no recuerda. Y es que le da por hablar por los codos mientras toma desayuno en casa de Tina.

Sheila es fea y Lenin se siente menos intimidado por ella que por todas las mujeres que le gustan, incluida Tina.

Sheila se siente obligada a prepararle el desayuno, un café y dos tostadas con mantequilla con el pan de ayer.

Unos meses después, mientras prepara el desayuno, Sheila se acordará de las uñas sucias de Lenin y de sus migas de pan dentro del café.

Para entonces Sheila le prepara el desayuno a Toledo, mientras Tina duerme exhausta después de haber despertado a todos los vecinos.

Toledo es más exigente que Lenin, además de las tostadas con mantequilla sobre el pan fresco que sale a comprar antes de que Toledo despierte, Sheila prepara media docena de huevos revueltos que Toledo engulle sin mirarla, porque mientras come mira su reflejo en su teléfono.

Ahora Sheila tiene el cabello rubio platinado y no rojo como antes, como cuando le preparaba el desayuno a Lenin.

Ya no cambia toallas y tampoco coloca ruleros en la peluquería.

Sheila corta cabellos.

Pero para entonces ya no sabremos nada más de Tina, Toledo o Sheila, porque Lenin habrá renunciado a su trabajo en la librería, al igual que Toledo y Tina.

Cada uno tiene sus razones.

Lenin se siente traicionado.

Toledo encuentra trabajo a tiempo completo en el gimnasio.

Tina está embarazada.

Pero esto Lenin no lo sabrá nunca.

Curiosamente será a Sheila a quien Lenin recuerde con más cariño porque Sheila le preparaba el desayuno.

Sheila es sólo un recuerdo, y sólo eso, entre tantos recuerdos en la cabeza de Lenin, que odia a Tina tanto como a Toledo.

Lenin todavía recuerda el olor a tabaco mojado de Sheila.

Antes le daba asco, cuando comparaba a Sheila con la francesa, o Tina.

Ahora le trae buenos recuerdos.

Lenin trabaja en el aeropuerto a tiempo completo.

Tiene turnos de doce horas seguidas y un día de descanso a la semana. No está mal, aunque no tenga tiempo de pensar, duerma poco y mal, y las papas fritas tengan el mismo sabor que la hamburguesa o el sándwich de huevo frito.

Trabajar en el aeropuerto es el mejor consuelo para olvidar a Tina.

Quizás si esta historia se hubiese tratado de Toledo, Tina, Sheila o la francesa, sería menos deprimente y más feliz, pero ahora le tocó el turno a Lenin.

Un tipo poco atractivo, más bien feo, a quien tampoco le importa ser simpático y buena gente para compensar.

Una persona normal y ordinaria.

Un tipo condenado al fracaso.

Nunca tendrá dinero para comprarse un auto, menos una casa.

No viaja porque no le alcanza el dinero ni para contribuir con la luz en casa de su hermano y hace mucho tiempo que dejó de leer porque no tiene dinero para comprarse libros y la biblioteca pública está lejos de su casa. A veinte minutos a pie.

Lenin es el autor de un poema, que empezó hace diez años y no ha concluido hasta ahora. Ni siquiera es un poeta en serio, no ha publicado nada y nadie lo ha leído.

Lenin es un poeta a medias. Un conjunto de líneas en verso que Lenin llama un poema, que borra, reescribe y corrige a lápiz sobre una libreta de hojas cuadriculadas.

Todas las palabras, artículos y tiempos Lenin los ha usado.

¿Cómo seguir escribiendo sin repetirse?

Lenin no acaba el poema porque lo aterra usar la misma palabra dos veces, y por más que se siente a escribirlo con un lápiz en la mano y se concentre, las palabras que le vienen a la cabeza son las mismas. Lúdico (2 veces), acantilado (5), desconcertante (7), extraordinario (9), estruendo (13).

Quizás la solución sería emplear un diccionario, pero esto sería lo mismo que hacer trampa, y ser un poeta tramposo no le interesa, en todo caso prefiere ser un poeta a medias.

Lenin ha dejado el título para el final, para cuando lo acabe, si es que algún día lo acaba. Por el momento, se dedica a tachar todas las palabras repetidas y escribe en los márgenes palabras que inventa. Bocharnazo. Espelanca. Zaparrastrozo. Cavernáculo. Listomania.

Con el tiempo Lenin también va desapareciendo de la historia. Como Olivia, Tina, Toledo, y Sheila. Ya nadie lo necesita y muy pocos lo recuerdan.

Lenin no ha vuelto a hablar con ninguna mujer.

No se siente capaz de volver a hacerlo. En el aeropuerto las ve pasar como una alucinación de otro mundo, cuando salen en la tele las saluda y se despide con la mano, y cuando las ve a través de su ventana cierra los ojos.

En sus tiempos libres, Lenin suele ver televisión en silencio y hablar solo.

Lo último que sabremos de Lenin es que ya nadie le prepara el desayuno los sábados por la mañana, es el autor de un poema inconcluso, trabaja en el aeropuerto y pierde maletas de vez en cuando.

La envidia de Cleopatra

Fedra entra al mar.

Alcides la está esperando. Fedra entra despacio, haciendo el show del agua está muy fría, seguido de no me quiero mojar el cabello y tampoco la cara.

Alcides la recibe con un abrazo helado.

Fedra grita de frío.

Ensayo el grito de Fedra, me sale un aullido de pajarraco. Antenor me pregunta si quiero entrar al agua.

—Vamos a dar una vuelta por las rocas - contesto.

—Vamos a perder de vista a Fedra - pienso.

De chica era mediocre. Una estudiante regular, sin amigas. Sabía hacer bien tres cosas. Ser invisible. Mentir. Y viajar en el tiempo.

Casi no hablaba, apenas me hacía notar.

Lo exageraba todo. Y si me preguntaban de dónde sacaba mis ideas decía que en la tele, o en el periódico y eso dejaba a todos satisfechos.

Practicaba viajar en el tiempo no para salvar al mundo o hacer una buena acción, sino para cosas pequeñas, insignificantes que me beneficien a mí sola. *Start Over*, para volver al pasado, como cuando el Príncipe de Persia estaba por morir decapitado por un hacha gigante o quemado por una lluvia de fuego. Cosas que me llenaban de ansiedad.

Start Over: cuando sacaba malas notas.

Start Over: cuando rompía o perdía algo.

Start Over: cuando me probaba a escondidas las pinturas de mamá.

Ninguna de estas estrategias funcionaba con mamá. Era la única que no me creía las mentiras (como las llamaba ella), o exageraciones (como las llamaba papá).

Con mamá no podía empezar de nuevo. Mamá lo sabía todo. En ese entonces, yo vivía convencida de que mamá leía mis pensamientos, su superpoder era entrar a mi cabeza.

—Cleopatra ni se te ocurra usar otra de mis pañoletas.

—Te he dicho mil veces que no abras mi estuche de maquillaje.

—Una mala nota más y chau vacaciones.

Llegamos a las rocas. Antenor me abraza.

—Estás muy callada Cleo - dice. ¿O estás pensando lo mismo que yo?

No digo nada. No creo que Antenor esté pensando en lo mucho que envidia y odia a Fedra.

—Aquí entre las rocas no es una mala idea. Solo que te advierto que la arena pica. Pica mucho.

No puedo concentrarme de pura rabia. Antenor está demasiado excitado para darse cuenta. Lo dejo hacer.

Todo lo que hacemos es por envidia.

Si no tuviésemos envidia de lo que otros tienen, quizás no trabajaríamos para comprar el doble, o el triple. No nos esforzaríamos igual. Eso decía la abuela. Fue a la única que escuché hablar acerca de tener envidia como algo positivo, una especie de motivación personal. Así es como compramos la casa con el abuelo.

Él estaba convencido de que alquilar era mejor, hasta que su hermano se compró una casa con tres cuartos. Entonces, el abuelo cambió de opinión, se consiguió un trabajo los fines de semana, les hacía las cuentas a todos los negocios chicos del barrio, y terminamos comprando una casa con cuatro cuartos y un ático.

Lo mismo pasó con el auto y la casa del lago.

El día que se le murió el hermano, se le acabó la envidia al abuelo y ya no volvimos a comprar nada. Perdió la motivación. Empezó a apagarse y poco después murió también.

—Mamá, no le llenes la cabeza de historias a Cleo - decía mamá

—Nada de eso. No son historias, es la pura verdad - decía la abuela persignándose y Cleopatra tiene que saber cómo funciona la vida real. Ya no es una niña.

Luego mamá cambiaba de tema.

Pero ese comentario de la abuela me hacía sentir importante, grande, parte del mundo de los adultos, donde te tomaban en serio, o pretendían tomarte en serio, como a la mujer del minimercado de la esquina de la casa de la abuela. Todos la escuchaban atentamente mientras su marido iba por las bolsas de leche, el cambio, o contestaba el teléfono. Y luego decían que estaba más loca que cuerda, pero no se lo decían de frente.

Cuando volvíamos de la casa de la abuela, mamá lanzaba advertencias en su contra.

—No sabe lo que dice, Cleo, a veces se le va la cabeza.

Pero como era la abuela me cuidaba mientras papá y mamá trabajaban, y además era la única que me tomaba en serio, sus historias ocuparon un lugar importante desde siempre.

Caminaba del colegio a la casa de la abuela, donde me quedaba hasta que me recogían mis papás. Cuando despertaba en casa de la abuela, generalmente los sábados porque mamá y papá se iban al cine o los invitaban a alguna fiesta que duraba hasta muuuuy tarde (decía mamá muy seria), extrañaba despertar en mi cama. Como si mi cuerpo quisiera una cosa y mi cabeza otra.

Quizás si fuera capaz de desdoblarme en dos podría despertar en dos sitios a la vez. Podría estar con Antenor y Fedra al mismo tiempo.

El primer año de la facultad comencé a salir con Antenor. Para entonces había perfeccionado la técnica del *Start Over*. Seguía siendo invisible y exagerando con mis historias.

Todos querían ser amigos de Fedra. Todos querían estar cerca de ella, excepto Antenor. Mi novio toleraba a su hermana como un lunar, no se la podía sacar de encima, cuando ella estaba alrededor se apuraba para perderla de vista, como decía él. Como si fuese un barco pirata y nosotros un barco a vela.

No siempre se podía estar con ella.

A mí también me encantaba estar con Fedra. Y a Fedra le gustaba mi compañía. Aunque yo sabía que si no hubiese sido la novia de su hermano menor, a quien Fedra adoraba, estoy segura de que no me hubiese dado pelota. Ni siquiera se hubiese fijado en mí. Nunca nadie, excepto la abuela, me dio tantas atenciones como Fedra. Ni siquiera Antenor. Es como mi hermana menor decía Fedra, la pequeña Cleo, cuando me presentaba a sus amigos.

Tantos amigos que yo perdía la cuenta.

Los amigos de Fedra me miraban muy atentos cuando contaba que los Atlantes fueron superhombres nórdicos originarios del Polo Norte.

Luego alguien cambiaba de tema.

Pasaban a hablar de otras cosas. Música, carreras de caballos, fiestas. Pretendían escucharme como a la mujer del tendero. Pero a mí no me importaba, yo hablaba para Fedra, y a ella todo lo que yo decía le parecía interesante.

—¿De dónde te sacas esas historias Cleo? ¡No lo puedo creer! Eres lo máximo.

Y yo me ponía roja como un tomate, y feliz como una lombriz, como decía la abuela. Como si las lombrices pudiesen alegrarse, corregía mamá, que tenía la costumbre de restarle la importancia y la diversión a todo.

Antenor solía aparecer en el momento menos oportuno, para salvarme de su hermana (la pirata), como decía él, y yo solo quería estar un poco más con Fedra.

Antenor también me escuchaba atentamente cuando le contaba que existen más de 360 tipos de tiburones en el mundo o que los tiburones gigantes son de lo más amables que te puedes encontrar, ajá decía, mientras pedía una pizza, (ajá) mirando su reloj, (ajá) cuando estacionaba.

—Tu sigue, que yo escucho.

Y me lanzaba un guiño antes de volver a enterrar su cabeza detrás del menú o en su teléfono cuando íbamos a cenar afuera, o mientras encendía un cigarrillo justo después de hacer el amor. Ajá. Ajá. Ajá.

—Con mi Cleo el tiempo pasa volando, solía decir Antenor.

—Pero no tanto como en el espacio, corregía yo.

Los dos hermanos sabían escuchar. Era de familia.

Yo sabía contar historias.

Yo era invisible y ellos lo llenaban todo, sabían ocupar espacio.

Yo era un tiburón linterna enano, y ellos un tiburón ballena.

Me reconfortaba tenerlos cerca, con ellos nunca me sentía sola.

Desde que murió la abuela casi no hablaba con mamá.

Y papá vivía viajando. La abuela murió poco antes de conocer a Antenor. Estoy segura de que se habrían llevado bien. Con Fedra, lo dudo. Quizás la abuela me habría instado a tener envidia de ella y a competir para tener el doble, o el triple de amigos, zapatos, maquillaje, carteras.

Perdió la vista en cuestión de días. Y murió antes de la operación para sacarle el tumor delante de su nervio óptico.

—Prefiero morirme a quedarme ciega - le dijo la abuela al médico.

—No digas tonterías - dijo mamá llorando.

Yo le apreté la mano a la abuela y no dije nada. Estaba de acuerdo con ella.

Los últimos días de la abuela pasé mucho tiempo con mamá. No recuerdo haber estado tanto tiempo con ella antes.

—En momentos como este, tenemos que estar las dos juntas Cleo, más que nunca, para acompañarnos y apoyarnos - dijo mamá poniendo todo en cajas y vaciando las cómodas y los roperos de la abuela.

Sin consultar a nadie, mamá decidió regalar todas las cosas de la abuela, como regaló mis juguetes, mis vestidos y mis zapatillas de ballet.

—Cleopatra, sólo hago la limpieza - se defendió cuando le dije que me sorprendía que se deshiciera de todo.

En ese momento, entendí que mamá tampoco ocupaba espacio. Se deshacía de las cosas por costumbre, para no dejar rastro.

Tenía el poder de ser invisible, como yo.

Si me quedo más tiempo con ella corremos el riesgo de desaparecer las dos juntas. Mejor cada una por su lado, pensé levantándome.

Ella todavía tenía el superpoder de leer mis pensamientos, pero como había estado llorando, sus ojos mojados podían engañarla, y jugar a mi favor.

Me di la vuelta para no darle más tiempo a mirar dentro de mí.

Antenor me abraza. Nos quedamos así un rato, abrazados.

Tienes razón, la arena pica mucho, digo rascándome las rodillas y los codos. Pienso en Fedra invitándome a pasar el fin de semana a la casa de la costa.

—Vamos todos Cleo a festejar mi cumple, Antenor y mis papis.

A Antenor no le pareció una buena idea. Habría preferido quedarse en la ciudad, lejos de su hermana y de sus padres. Pero como yo acepté sin consultarle, no le quedó otra que venir a desgano.

—Mis papis son muy modernos - dijo Fedra.

—Liberales - añadió Antenor.

—Te puedes quedar en mi cuarto - dijo mi novio.

—En serio, no se harán lío, van a estar de fiesta en fiesta todo el fin de semana, ni se darán cuenta - juró, suplicó.

Fedra decidió por mí.

Terminé durmiendo en el cuarto de Fedra. Yo estaba en las nubes. No me lo podía creer. Tres días y dos noches junto a Fedra.

Cuando llegamos a la casa, Antenor nos perdió de vista y se fue a correr a la playa. Yo llevaba una buena colección de datos curiosos y otros extras para Fedra. Tenía uno muy bueno acerca del eje magnético de la tierra. Y la Atlántida. Y las nebulosas. Y los tiburones tigre. Y los agujeros negros.

Nos sentamos en la arena cerca al mar. Antenor se perdió de vista detrás de las rocas.

Quizás no vuelve nunca, pensé sonriendo.

Comencé a ordenar mis historias de menos a más importantes. Decidí dejar lo más interesante para el final.

—El desplazamiento del eje magnético de la tierra tuvo que ver con la desaparición de la Atlántida - comencé.

Fedra estaba distraída mirando cómo el agua fría mojaba sus pies.

—Qué cosas dices Cleo, nunca lo hubiese imaginado.

Empezamos bien, pensé orgullosa de mí misma.

Antenor reapareció corriendo hacia nosotras. Venía con alguien.

Fedra se puso de pie, nerviosa.

Yo me quedé sentada eligiendo con mucho cuidado la siguiente historia. Una sobre la erupción de un volcán.

Estaba por mandarle un beso al aire a mi novio esperando que siga su camino hasta el otro lado donde también había rocas, pero Antenor se acercó con un hombre mayor. Parecía uno de mis profes de la facultad. Con canas y cara de preocupación.

—Alcides - dijo extendiendo la mano hacia mí.
Fedra lo abrazó, como si se conocieran hace tiempo.

—La Atlántida fue destruida por la erupción de un volcán y un tsunami gigante que barrió con todo el continente - dije levantando la voz sin darme cuenta.

—Ya, ya, dijo Fedra con fastidio.

Antenor me abrazó por los hombros y Fedra nos perdió de vista.

Corrió al mar con Alcides. Los brazos de Antenor pesaban mucho. Todo olía a sal y arena. Comencé a estornudar.

¿Y ahora qué? ¿Y ahora qué hago? Pensé sin saber dónde meterme.

Start Over: no volver a hablar sobre la Atlántida.

Entramos al mar antes de volver a la casa, para sacarnos la arena. Ni rastro de Fedra y Alcides.

La primera noche dormí sola, Fedra salió sin decir adónde iba y yo me quedé dormida sobre la cama sin destender. Esperándola.

A la mañana siguiente, Antenor me despertó con un gran beso, yo todavía semidormida lo dejé hacer. Hasta que escuchamos la voz de Fedra llamándonos.

Antenor se levantó de mala gana. Bajamos a tomar desayuno. Fedra estaba a punto de comenzar a comer un gran omelette con bacon que Alcides había preparado.

—Es un cocinero de primera - dijo Fedra acariciándole el cabello.

Yo podía jurar que Fedra era vegetariana.

—Las nebulosas son regiones interestelares constituidas por gases y polvo cósmico.

Ajá (Antenor). Mmm (Fedra). ¿No me digas? (Alcides).

—¿Las nebulosas se asocian con estrellas jóvenes o viejas? - preguntó Alcides.

Y yo no supe qué contestarle, no lo sabía.

—La próxima hay que estudiar mejor Cleo - dijo Fedra riendo.

Yo solo quería que me tragara un agujero negro.

Start Over: No hablar de las nebulosas.

Y luego Fedra comenzó a contar mi historia sobre los superhombres nórdicos originarios del Polo Norte, también conocidos como Atlantes, le dijo a Alcides muy seria.

Eso sí que no, pensé muerta de rabia. Yo soy la que cuenta historias. Las historias son mías.

Antenor me sirvió más jugo de naranja, y preguntó por los planes del día.

Fedra y Alcides se miraron sin decir nada.

Ahora nosotros parecíamos los piratas que había que perder de vista.

Fedra estaba más linda, y odiosa, que nunca. Tenía unas sandalias doradas a juego con un vestido blanco bordado.

Convencí a Antenor para que me llevara de tiendas.

Me compré todo lo que me recordaba a Fedra. Unas sandalias doradas y otras plateadas. Dos vestidos blancos, uno corto y otro largo. Un sombrero de paja igual al de ella y unos lentes de pasta rojos.

La abuela estaría encantada con tanta compra para matar de envidia a Fedra, pensé sin culpa en usar mi herencia para una buena causa. O los fondos para tus estudios que tan generosamente te dejó la abuela, como mamá los bautizó.

Antenor estaba encantado.

—No sabía que te gustara tanto arreglarte. Estás sexy - me dijo al oído. Nos damos un baño rápido y volvemos a la casa antes de que lleguen mis papás.

Yo sólo quería encontrar a Fedra y que ella me viera para que se muera de envidia.

Pierdo de vista a Antenor que se aleja nadando a toda velocidad.

No sé nadar muy bien, pero sí puedo flotar sin esfuerzo. Abro los brazos y las piernas. Miro el cielo. No escucho nada. Así me quiero quedar para siempre. Sin pensar en nada. Pienso en el sol, a kilómetros de distancia calentándolo todo.

Si estuviese más cerca de Mercurio acabaría quemándome, pero si estuviese flotando en el espacio, muy lejos, más allá de la tierra cerca a Urano terminaría congelada, como un témpano de hielo de esos que levantan mucha espuma cuando se desploman.

Un tiburón tigre, pienso con terror. Es Antenor que pasa por debajo de mí.

Vemos a Fedra a lo lejos que se acerca corriendo hacia nosotros.

Yo salgo a toda velocidad sin esperar por Antenor. Ella ni siquiera me mira, pasa a mi lado como si yo no existiese, como si fuese invisible.

Me muerdo la lengua para confirmar que todavía estoy aquí. Que no me he vuelto invisible.

Fedra y Antenor corren hacia la casa.

Estoy agotada por el sol, la rabia, y la envidia.

Fedra lo tiene todo.

Unos padres liberales que la adoran, un hermano, un tipo mayor que está enamorado de ella.

Estoy a punto de volver a entrar al mar.

Y no salir nunca.

Start Over: no volver nunca a la casa de la costa.

Antenor me llama con la mano.

Entro a la casa. Alcides está echado sobre el sofá. Inmóvil. Antenor está al teléfono. Fedra llora.

Todos ocupan mucho espacio. Incluso Alcides. Me siento cada vez más aplastada. Sofocada.

Antenor se acerca y comienza a respirar en su boca, como hacen en las películas.

Al tercer intento el cuerpo de Alcides se sacude con un espasmo.

Una nuez entera sale disparada de su boca y cae en el suelo.

Alcides tose varias veces y todos aplaudimos, menos Fedra que tiene las manos ocupadas abrazándolo.

Subo a ducharme.

—¿Todo bien Cleo? - me pregunta Fedra mientras me ducho.

Como si no hubiese pasado nada.

—Todo.

—Estás muy callada.

Yo dejo que el agua caiga por mis orejas, mi estómago, mis piernas. Que caiga toda la arena y la rabia que envuelve mi cuerpo y mi garganta.

Elijo el vestido blanco largo y las sandalias plateadas. Me visto en el cuarto de Antenor.

—Estás muy linda - dice Antenor cuando me ve bajar.

—Sí, preciosa - dice Fedra.

Parece sincera. Pero hay algo en su voz que suena a burla, mejor si se hubiese quedado callada.

Todo pasa muy rápido.

El aire entra por la ventanilla de uno de los deportivos de los padres de Antenor, pero yo no lo siento. Mi cuerpo está muy caliente, y mi cabeza más. Entramos al lobby de un edificio de lujo. Las puertas se abren a nuestro paso. Subimos al ascensor. Piso 15. Nos sentamos en una mesa redonda con vista al mar. Mi cuerpo arde.

Nos sirven champagne a todos. Brindamos por la salud de Alcides (un campeón). Y el cumpleaños de Fedra (la princesa).

Los platos comienzan a llegar.

—Un poco de todo - dice la mamá de Antenor.

—Todo para mi niña - añade su papá.

Vino verde para acompañar los aperitivos. Ostras tibias escabechadas con berro y bruma marina. Bogavante reposado en brandy, alcachofas y apio. Rodaballo salvaje con cuajada de foie gras y helado de mostaza. El vino tinto lo sirven al tiempo junto a la paletilla de cordero con setas y matices lácteos. El vino blanco llega junto con las gambas en salsa picante sobre un fondo de hinojo y ensalada yodada. Para el postre traen licor de naranja y mousse de cacao con ajo negro fermentado, y también licor de mora y manzanas crujientes aromatizadas con menta.

Se me cae la servilleta y me agacho para recogerla. Alcides tiene su mano en la entrepierna de Fedra. Un camarero llega con otra servilleta.

Entonces Fedra me pide que cuente otra de mis historias. Delante de todos. Sus padres, Antenor, Alcides. Yo sujeto la servilleta perfumada y limpia entre mis manos y mis uñas rojas despintadas por el agua salada.

—Sí, sí - dice la madre aplaudiendo.

—A todos nos encantan las historias de Cleopatra - dice el padre convencido.

Cuento la del agujero negro.

—Si una persona cayera por un agujero negro, la realidad se dividiría en dos. En una de ellas moriría quemada y en la otra seguiría cayendo indefinidamente sin hacerse daño.

—Si llega a sobrevivir dentro del agujero negro ¿se alimentaría de polvo cósmico? - pregunta el padre de Antenor y Fedra.

Todos levantan sus copas riendo antes de volver a brindar por Fedra.

Start Over: no volver a contar ninguna historia.

Me levanto para ir baño.

—Voy contigo Cleo - escucho la voz de Fedra a mis espaldas.

Sigo caminando sin decir nada.

—¿Sabes qué voy a desear antes de soplar las velas? - pregunta.

—No, es mala suerte decirlo en alto.

—Que Alcides deje a su esposa y se case conmigo. Te nombro una de mis damas de honor - dice mientras se seca las manos.

De reojo veo su reflejo junto al mío. Ella resplandece, y yo me estoy apagando.

—Dicen que la vista del mirador es espectacular. ¿Vienes?

—¿Tiene que ser ahora Cleo? - dice Fedra. No quiero hacerlos esperar.

—Las escaleras están al lado del baño, nos tomará solo unos minutos.

Me doy la vuelta y salgo del baño, abro la puerta de las escaleras que conducen al mirador.

—¿Vienes?

La dejo pasar.

Subo detrás de ella. Las dos tenemos las mismas sandalias. A ella le quedan mejor que a mí, por ahora.

Mientras subo las escaleras imagino que los cabellos y las sandalias de Fedra se hunden en el vacío, quizás acaben en el mar y un tiburón enano las acabará encontrando a cientos de kilómetros de distancia, en alguna isla del Caribe, o en el mar rojo.

Los cabellos de Fedra no creo que tengan tanta suerte, pienso mientras ella abre la puerta del mirador, no creo que alcancen a llegar a Panamá.

Freud

Freud no se sorprendió cuando papá comenzó a mover los dedos.

Todo lo contrario a Ernesto, un pesimista, cuando le conté que papá volvió a mover los dedos.

—Uf, que heavy - dijo sin descolar los ojos de la tele, y se negó a acompañarme al almuerzo de los sábados en casa de mis papás.

Quizás muy pocas cosas, o casi nada puede llegar a sorprender a Freud. Según él, papá puede llegar a recuperarse del todo.

Para Freud todo es posible.

Los peces viven poco, por eso ven la vida desde otro ángulo.

Mamá me miró con mala cara cuando me vio aparecer sola, qué va a pensar tu papá, se va a molestar seguro, me dijo, por costumbre, para no perder las formas. Lo único que todavía mantiene a mamá segura como un ancla son las formas.

A estas alturas, yo no estaba segura si papá era capaz de pensar o molestarse con nadie.

Quizás pude haber traído a Freud conmigo, pensé antes de sentarme a la mesa, como cuando Ernesto llega muy tarde, y yo ceno con Freud a mi lado. Pongo la pecera sobre la mesa del comedor y así me siento menos sola.

Freud me cuenta que le gusta tener espacio para nadar y un escondite cuando tiene ganas de estar solo. Dice que una piedra y un par de algas es más que suficiente.

Con Freud me río mucho, igual que con papá. Me río sin esfuerzo, como cuando era chica y veíamos con papá series subtituladas.

Papá que siempre fue bueno para los idiomas aumentaba el volumen y jugaba a traducir los diálogos sobre la marcha.

—A veces parece que escriben los subtítulos con las patas - decía papá.

—Patas de rana - decía yo riendo.

Los dos acabábamos encogidos de risa en el sillón y perdíamos el hilo del argumento, no parábamos ni en los intermedios.

Papá me regaló a Freud días antes de quedarse congelado.

Como si el tiempo se hubiese detenido para él, y para nosotras, dijo mamá.

Tuvo un derrame y aún es muy pronto para tener certeza de las consecuencias a medioplazo, dijo el médico.

Freud se parece a Tictac, el pez rojo que antes ocupaba su lugar, quizás no tiene los ojos tan negros y tampoco los labios tan gruesos. Lo suyo es la elegancia. Tiene los rasgos finos, la cola larga, las aletas levantadas. La cola de Freud tiene la forma de una corona, quizás en su otra vida, fue alguien importante, como un lord o un bailarín profesional.

Papá me regaló a Freud después de que Tictac explotara.

Tictac murió por comer mucho. Freud come lo justo. A Tictac le daba por comer muy seguido, siempre tenía hambre. Como si no pudiera acordarse de nada que pasó hace más de media hora. Quizás era un distraído y no prestaba atención, como yo a veces. A diferencia de Tictac, Freud recuerda hasta el más mínimo detalle de lo que pasa a su alrededor.

Freud recuerda todo lo que dije. A veces incluso recuerda lo que No dije.

Lo que le cuento, mis conversaciones por teléfono, las discusiones con Ernesto.

Freud dice las cosas una sola vez.

En eso Freud se parece a papá.

A Freud no le gusta repetirse. Cuando estamos juntos no necesitamos hablar, podemos estar horas en silencio.

Esto jamás sucede con mamá.

Para mamá el silencio es la peor maldición. Hablando se siente en paz. Completa. Alterna monólogos con una batería de preguntas que termina por responder ella misma.

Con mamá cerca es difícil concentrarse. Cuando era chica, no era fácil hacer los ejercicios de geometría o leer en casa.

Desde que papá se quedó paralizado, congelado dijo mamá, infarto cerebral dijo el médico, mamá se ha acostumbrado a tener la tele prendida en la sala y la radio en la cocina.

Lo peor son las canciones románticas a todo volumen.

En algo le doy la razón a Ernesto cuando dice que mamá parece una tormenta tropical que arrasa con todo.

Para Ernesto todo lo que no tiene que ver con su teléfono o la tele es aburrido. Y es que mi novio no se interesa por casi nada.

Cuando Ernesto llega con sus cumpas cubro a Freud con un pañuelo, me siento culpable de ocultarlo, pero quiero ahorrarle las palabrotas, las bromas pesadas y los comentarios fuera de lugar.

Frente a Ernesto, Freud se queda callado. Le gusta mantener las apariencias, como a mamá.

Freud no tiene párpados, aún así puede distinguir hasta cuatro colores diferentes. Además de los colores, Freud distingue cuatro formas, y la que más le gusta es el triángulo.

Cuando le pregunté de qué color me ve, dijo que depende de mi humor.

Si estoy tranquila estoy azul, si me enojo roja, si estoy triste blanca, y si tengo sueño verde.

Hoy antes de salir, le pregunté a Freud cómo me veía hoy. Blanca con puntos verdes me dijo antes de volver a zambullirse y esconderse detrás de las algas.

Estoy segura de que papá es el único que entendería que Freud vive en mi pecera.

El problema es que hasta ahora no he encontrado el momento apropiado para decírselo.

Cuando me lo regaló me preguntó cómo lo llamaría, y yo todavía no sabía que era Freud.

Tictac 2 dije sin pensarlo dos veces.

Papá me abrazó y nos fuimos al cine. Tuve que prestarme la bufanda de Ernesto porque papá olvidó traer la suya y tiene la sangre fría, como Freud.

El agua fría lo pone enfermo, como a papá. Mamá lava a papá con agua tibia.

—Para cuidar a mi gordito - dice respirando hondo, como quedándose sin aire.

Cuando papá me mira desde su cama, inmóvil, con los ojos muy abiertos, su silencio lo llena todo.

Freud me dice que no me preocupe, que está bien no hablar a veces.

Mamá dice que no me preocupe, que a papá hay que seguir hablándole, como si nada.

Como si nunca hubiese explotado su cabeza, dijo mamá.

Se llama embolia, dijo el médico cuando se lo llevaron de emergencias al hospital, donde después de semanas en cuidados intensivos lo devolvieron a casa, con tubos y aparatos porque ya no podemos hacer nada por él, dijo el médico con voz grave y una sonrisa reconfortante al final.

Lo importante es incorporarlo en su rutina y hablarle, hablarle mucho, y también ponerle la música que le gusta, añadió.

Mamá nos habla desde donde esté.

Mientras sube por las escaleras, de la cocina, del patio, incluso ha comenzado a hablar desde el baño.

Después del almuerzo, pongo un disco de Gardel, el que tiene la Cumparsita, la canción preferida de papá.

Los amigos ya no vienen

Ni siquiera a visitarme

Nadie quiere consolarme

En mi aflicción.

Mamá dejó la mesa a medio levantar y se sentó junto a la cama de papá, le acarició la frente, acomodó las sábanas, y lo peinó con los dedos. Todo esto sin dejar de hablar.

—A que no sabes cuánto me costaron las manzanas hoy, dos por cinco pesos, un ojo de la cara, con esos precios no me extraña que la economía se esté yendo a la ruina.

—Pero yo sé que a mi gordito le gustan las manzanas - dijo mamá y le dio un beso en la frente.

Mamá me pregunta si algún día pienso tener hijos.

—Tu papá y yo estamos preocupados.

Sonrío por hacer algo, prefiero morderme la lengua y no decir que el asunto de los hijos debe ser la última cosa que preocupa a papá ahora, y que mamá no debería coleccionar más preocupaciones de las que tiene.

Cuando nos dijeron que si papá se recupera quizás ya no se acuerde de algunas cosas, o personas, mamá se mordió los labios.

—¿Qué cosas? - preguntó mamá preocupada.

—De usted seguro que se acuerda - dijo el médico, como leyendo sus pensamientos.

—De su hija también, quizás no conserve algunos recuerdos, o no reconozca a parientes o amigos lejanos. Lo importante es ser pacientes con él y no exasperarlo. Seguirle la corriente es la mejor receta en estos casos.

Cuando se lo conté, Freud me tranquilizó, dijo que la memoria no es una suma, la memoria es un desorden de posibilidades infinitas e indefinidas.

Me sentí aliviada. Aliviada de que la memoria de papá todavía conservara nuestros recuerdos. Quizás un poco desordenados, pero no importa.

Como cuando tenía diez años me caí persiguiendo mariposas.

Papá me llevó en su espalda hasta la casa, y luego me dejó entrar caminando por la puerta para que los primos vieran lo valiente que era yo. Todos aplaudieron y luego me abrazaron.

Hoy me toca quedarme toda la tarde en casa para cuidar de papá, a mamá le hace falta ir a la peluquería, y además le hará bien. Hace semanas que no se toma la tarde libre.

Hija, me grita desde el escritorio, donde instalaron a papá los enfermeros que lo trajeron del hospital.

—Hijaaa - vuelve a gritar mamá.

—¿Sí? - asomo la cabeza desde la cocina.

—Si tienes algo importante que hacer, yo me quedo, no me importa - dice mamá - pospongo la cita en la peluquería para otro día.

Tiene los ojos cansados, de tanto llorar y poco dormir. Las raíces blancas y el cabello sujeto en un moño, ahora que no tiene tiempo de secar su cabello por las mañanas, como antes.

—Mami, andá tranquila, además, se te está haciendo tarde.
—¿Estás segura?

Salgo al jardín y me siento debajo del sauce. Pienso en lo que Freud me dijo hoy antes de salir. Es importante seguir coleccionando recuerdos con papá. Como fotografías en blanco y negro, porque los colores ocupan mucho espacio.

Sé que mamá dudará hasta el último minuto antes de salir por la puerta, y saldrá apurada porque se le hará tarde después de volver a acomodar las sábanas alrededor de papá, repetirme las instrucciones de qué hacer en caso de emergencia, encontrar su bolso, que últimamente suele perderse con frecuencia en algún rincón de la casa, besar a papá, besarme a mí y cerrar la puerta.

Me siento al lado de papá. Le doy la mano.

Está más pálido que de costumbre.

Le cuento que los colores de Freud cambian de acuerdo a la luz del día, y en la noche se vuelve gris.

Le aprieto la mano, él me aprieta de vuelta.

Sonrío. Papá no sonríe. Me mira sin verme.

Tiene los ojos vacíos. Húmedos. Transparentes.

Hoy lo encuentro muy parecido a Freud.

Guardo este momento en mi memoria, como una fotografía.

Algo me dice que mientras la voz de mamá se irá avivando hasta explotar, papá se irá apagando, Ernesto me terminará dejando (o yo lo dejaré a él), y al final solo me quedará Freud.

Me concentro en seguir coleccionando recuerdos de papá en blanco y negro.

Magritte y la rabia

Soy incapaz de dormir durante el vuelo.

Tengo rabia, mucha rabia.

Tanta, que nada consigue distraerme.

Ni el culito apretado de la azafata que se empeña en rozar mi mano cada vez que pasa a mi lado, o las películas tontas que me hacen reír a carcajadas, y que no suelo ver junto a mi mujer porque a ella no le gustan.

No veo nada sin contenido, dice ella haciéndose a la importante.

Es una snob aunque no le guste admitirlo.

Hoy yo tampoco estoy de humor para nada.

Cierro los ojos, y esto es lo que veo: Entro a mi casa, es de noche, todos duermen, camino con los puños apretados hasta la suite y de un tirón saco a M. Magritte de la cama. Su mujer, Mme. Magritte, pega un salto se tapa con las sábanas, y yo grito. Salí cabrón, salí ahora al patio, carajo, antes de que te parta la cabeza delante de tu mujer. La reacción de Magritte siempre me sorprende.

A veces me mira horrorizado y trata de esconderse debajo de las sábanas, como su mujer. Otras veces se levanta tranquilo, se coloca las gafas gruesas a lo dandy, que debe usar más por pinta que por necesidad.

Muy pocas veces Magritte reacciona como espero de él, con miedo, aplomo y decisión. Se para y baja al patio sin mirar atrás, listo para enfrentarse a puñetes conmigo.

Pero si no vas a resolver nada a los golpes, oigo la voz de mi mujer que me desconcierta. La única manera de resolver esto es en los tribunales, me dice. Y no se cansa de repetirme que llame al abogado de Marie para resolver la situación.

Así la llamamos: La situación.

Yo asiento sin decir nada, no la contradigo, porque sé que sólo así dejará de hablar, y yo de escucharla, y al fin podré concentrarme otra vez en Magritte. Su cabeza chocando contra el suelo de piedra de nuestro patio, sus ojos en blanco, su risa nerviosa ya no la escucho porque al fin se ha dado cuenta de que llegué para darle una paliza de la que se va a acordar toda su vida.

Mis manos tiemblan y sudan de impaciencia.

Sólo pienso en golpear a Magritte. Quiero agarrarlo por el cuello, darle un rodillazo en el estómago, patearlo en el suelo, hasta que lo escuche decir que lo siente, que ahora mismo se irán de la casa, que me tranquilice, que le estoy haciendo daño, y yo no paro. No voy a parar huevón, hasta que me sangren las manos.

Sin pensarlo dos veces, doy un puñetazo sobre la bandeja vacía de la comida que la azafata culona colocó delante de mí con una sonrisa provocadora.

Me hago el dormido cuando la vieja que va sentada a mi lado intenta hablar conmigo.

—Es sólo hasta que hagan efecto los comprimidos - dice señalando una caja de plástico que huele a moho y a naftalina, como ella.

Estoy muy alterado para ser amable, lo mejor es hacerme al dormido.

—¿Negocios o placer?

—(Venganza).

La vieja sigue haciendo preguntas, aunque yo haya cerrado los ojos.

—Es su primera visita a la ciudad?

—(Después de que nos mudamos al extranjero sí, viví aquí diez años).

Giro la cabeza hacia la ventanilla. Ella sigue. Debe estar acostumbrada a hablar sola.

—¿Se aloja en el centro o en las afueras?

—(*Place Jourdan, Etterbeek, Quartier Européen. Maison de charme bruxelloise*).

Esto es lo que ponían estos infelices, cuando descubrí el anuncio en internet una semana atrás en una de esas páginas de casas para alquilar por temporadas.

Ofrecían nuestra casa, mínimo una semana, decía el anuncio, y hasta un mes como máximo.

Es el colmo, dijo mi mujer, lo que cobran por una semana es más de lo que nos pagan por todo el mes. Luego se estiró la falda y la blusa, y se paró para ir a buscar el teléfono para dar a entender que estaba hablando en serio, sin pliegues en la ropa y sin pelos en la lengua, como suele decir.

Le escribimos pero no respondieron. Llamamos. Y nada. Nos arruinaron las vacaciones. En vez de diez días navegando en el Adriático, estoy sentado en este avión para resolver la situación, echar a Magritte y a su mujer, iniciar la demanda en los tribunales, pintar la casa, y ponerla de nuevo en alquiler.

Si me concentro puedo ver a la mujer de Magritte limpiándole la sangre a su marido. No puede abrir un ojo, le saltaron dos dientes y también está sangrando por la nariz.

Llegué, informo a mi mujer desde el aeropuerto. Si no la tengo al tanto de mis pasos puede llegar a dejarme hasta cincuenta mensajes en el contestador y otras tantas llamadas perdidas.

Todo pasa por su cabeza cuando estoy lejos.

No lo puedo evitar, dice mientras se despide de mí, después de repetirme que llame al abogado de Marie y que ni se me ocurra ir yo solo a la casa para resolver la situación, como adivinando que es lo primero que voy a hacer nada más desembarcar del avión.

La imagino colgando el teléfono y alisándose la ropa como para convencerse de que dejó las cosas bien claras y que está todo en orden.

Me hierve la sangre.

La única manera de deshacerme de este ardor en el pecho es darle una paliza a Magritte, y así cobrarme las cinco noches maldormidas, las vacaciones canceladas, el dinero que me costó este viaje de última hora, las discusiones con mi mujer y el dolor de cabeza.

No hay nada peor para la salud de uno y el bien del mundo entero, que la rabia contenida. Eso decía el Toño, mi compadre, antes de que lo atropellaran una madrugada por equivocación. Eso es, una equivocación, repitió su mujer en el velatorio, y todos asentimos mirando nuestros zapatos. Sabíamos que seguramente fue una de las amantes locas y celosas que el Toño encontraba en bares de mala muerte, muy jóvenes, muy pobres, o muy viejas. Todas desesperadas por la pinga del Toño.

—Pinga de campeón - decía él.

Nos reíamos y brindábamos por él.

No todos podíamos presumir de la abundancia de vellos como el Toño. En las piernas, los brazos, el torso, en todas partes.

—¿A qué mujer le gusta que la coja un lampiño? Ni a las ciegas compadre - decía él, riendo, que seguramente las probó todas.

El aeropuerto está diferente, en menos de un año modernizaron todo.

Las cosas siempre mejoran cuando uno se va.

Como con la casa. Aguantamos el ruido, los tres contratistas ladrones, el arquitecto mamón, los atrasos. Y justo cuando la casa quedó lista, salió esta oferta para mi mujer, la misma empresa, el doble de sueldo, pero en otra ciudad, otro país, otro continente.

Así son las cosas, como la ley de Murphy. Si algo puede salir mal, saldrá mal.

Nos dieron un fin de semana para decidirnos. Y luego tuvimos cuatro semanas para trasladarnos, el mismo tiempo para disfrutar de la casa acabada, sin obras, sin albañiles, sin contratistas, sin ruido.

La casa perfecta, como la habíamos soñado.

Ahora la disfrutarán otros, dijo mi mujer suspirando cuando la pusimos en alquiler.

Otros, no nosotros, pensé mientras me duchaba el primer sábado sin obras con el que había soñado desde que la compramos. No pude sentarme a comer mi *pain au chocolat* en la terraza porque los Magritte adelantaron su visita, y lo primero que hizo Magritte fue pasearse por la terraza asintiendo. *Bon, bon, c'est cool ici, n'est-ce pas?* Al referirse a la vista con la que yo había soñado tomar mi desayuno todos los fines de semana.

Claro que *c'est cool* cabrón, pensé apretando los puños, es la mejor vista que habrás visto en tu puta vida. Mi mujer se puso nerviosa y los invitó a pasar dentro para continuar la vista. *Allons-y, s'il vous plaît.*

Dentro del taxi hace mucho calor.

Me siento sofocado. Puede ser la rabia. Trato de abrir la ventana. No encuentro por ningún lado botones o manivelas. La puerta del otro lado es igual. Sudo frío. Me subí a un taxi negro, me secuestraron, debí haber esperado a los taxis blancos, pero no había ninguno, y ya no aguanto las ganas de caerle a Magritte.

—Hace calor - digo. *Trop chaud* repito en alto.

Para mi espanto el chófer dice *ouvrez* y la ventanilla a mi lado se abre y el aire en mi cara me hace bien. El taxi acelera. Los autos parecen pasar volando a nuestro lado. El chófer me mira por el espejo retrovisor, sonríe, le brillan dos dientes de oro.

No soy un tipo violento, aunque mi mujer a veces piense que sí.

Ella no tiene ni idea de cómo es un hombre realmente violento. Como el Toño, cuando estaba borracho decía que su sueño era golpear a alguien hasta matarlo.

Estoy seguro de que sí se puede compadre, como que me dicen el Toño.

Seguro que se puede decía yo, imaginando sus manos enormes y velludas golpeando a alguien, preguntando ¿quién es el más macho ahora?

Existen dos tipos de personas según mi compradre. Los que se tragan todo y los que no. Los que reaccionan y los que no. Si no se responde diente por diente, y ojo por ojo, la rabia de uno le llega a otra persona, y eso no es justo, compadre. Si no se reacciona a tiempo, la rabia se convierte en una cadena de agresiones. Todos asentíamos. Con o sin tragos encima, mi cumpa era elocuente, sí señor, como el que más.

Me hago dejar a una cuadra de mi casa. Así me da tiempo para planear mi estrategia. Está oscuro. Había olvidado lo pronto que anochece aquí. Traigo la tercera copia de la llaves de la casa. La que guardamos por si acaso pasa algo, dijo mi mujer.

En poco menos de un año las casas del barrio parecen diferentes. Más modernas. Pintadas con colores vivos, unas con sombreros y nubes en las puertas, otras con palabras dibujadas alrededor de las ventanas. Como sacadas de los cuadros de un pintor surrealista.

Saco fotos con mi teléfono para mostrarle a mi mujer. A la tercera foto sale un tipo de una casa con un bigote y un sombrero de copa, como de película antigua, pero lleva unos pantalones de colores, como el arcoíris, entonces no puede ser tan antiguo. Guardo mi teléfono y el tipo se mete de nuevo en su casa sin decir nada.

Vuelvo sobre mis pasos para asegurarme de que esta es mi calle. Rue Général Leman. No me he equivocado.

En vez de la puerta de madera maciza con reborde de metal que elegimos, y que además nos costó una barbaridad, la puerta ha sido reemplazada por una pintada de azul mar y un ojo abierto en el centro.

—Hijoeputa Magritte, aprieto los puños.

Trato de abrir la puerta y por increíble que parezca mi llave funciona, cambiaron la puerta pero no la cerradura.

—Cagaste Magritte.

No encuentro ningún puto interruptor. No veo nada. Camino sujetándome de las paredes.

—Qué, resulta que tampoco pagaron la luz, o ¿decidieron quitar todos los interruptores?

Tengo tanta rabia que ya no me importa sorprender a Magritte donde sea, ahora estoy seguro que comenzaré a golpearlo si lo encuentro en la cocina, en el baño, o entrando por la puerta. Lo moleré a golpes de cualquier forma, pero sin luz no puedo ver nada.

Bajo al sótano, busco el cuadro central de la electricidad, me concentro en activar el comando de la luz de emergencia, como lo llamaba mi mujer. Con cada paso llamo a Magritte, primero en voz baja, luego el volumen de mi voz va subiendo hasta que termino a los gritos.

—Magritte, ¿así que decidiste enriquecerte a nuestra costa, a mi costa?

Tropiezo y caigo por las escaleras que bajan al sótano. Voy perdiendo el conocimiento y mi voz se va apagando, dejo de llamar a Magritte, aunque siga pensando en él y en su cabeza estrellándose contra el suelo.

Despierto con una música que llega de lejos. Parece una marcha militar.

Abro los ojos. Da igual tenerlos abiertos o cerrados. No veo nada, todo está oscuro a mi alrededor. Me levanto todavía mareado, busco el cuadro de la luz. Tropiezo con algo, debe ser la lavadora que les dejamos a estos infelices. La música que llega de arriba suena cada vez más alto, me duele la cabeza, como si fuese a explotar, me siento a descansar un rato. Me duele todo, la espalda, las costillas, las piernas. Cierro los ojos. En un segundo pasa la cara preocupada de mi mujer alisándose la ropa, el culo de la azafata, el Toño abriéndose otro botón de la camisa, los ojos hinchados de Magritte, la sonrisa siniestra del chófer, eso es.

Aplaudo. Préndase la luz, digo en alto. *Allumez la lumière.* Las luces del sótano se prenden, los focos de neón me ciegan. Abro un ojo, luego el otro. La lavadora no está, tampoco la secadora.

—Te llegó la hora Magritte.

Estoy en el sótano de mi casa, que tiene el mismo tamaño de antes, pero todo el resto es distinto. En vez de las paredes con ladrillo visto que decidimos barnizar con mi mujer, las paredes están cubiertas de cerámica blanca, como el suelo. Cierro los ojos y los abro de nuevo para convencerme de que no me equivoqué de casa, y que tampoco estoy soñando.

Veo una puerta en la esquina del sótano que no recuerdo. Es un baño, minúsculo. En vez de un inodoro tiene un lavamanos. Un dos en uno. Sirve para hacer pis y lavarse las manos.

—Qué cabrón este Magritte, cómo se las ingenió para hacer este baño - pienso con admiración mientras tomo agua del lavamanos.

Alguien baja por las escaleras.

Salgo corriendo del baño.

En las escaleras está sentado un niño. Tiene las piernas tan largas que casi alcanzan a llegar hasta el suelo. Parece un dibujo animado. No recuerdo que los Magritte tuvieran hijos. Me mira sin miedo. Tiene el cabello largo y los ojos claros, azules, celestes, o quizás son verdes. Sus brazos son casi tan largos como sus piernas.

—*Magritte, il est où?* - pregunto.

—*Partout, nous sommes tous Magritte* - dice.

—*Et alors?*

Él se encoge los hombros, se levanta y sale.

Pensá, pensá.

Mi teléfono no tiene red.

Estoy en el depósito de mi casa, ni rastro de Magritte.

Me ha saludado un niño gigante que no me tiene miedo.

Lo peor de todo es que esta urgencia de golpear a Magritte sigue ahí, comiéndome la cabeza, me sudan las manos y también me pica la garganta.

Que llames al abogado de Marie para resolver la situación, escucho la voz de mi mujer. Pero si yo no quiero resolver nada, no sin antes darle la paliza que se merece el huevón de Magritte. De lo contrario, todo este viaje habrá sido en vano, pienso cerrando los puños. No me quedará otra que comerme la rabia y me acabaré enfermando, escucho la voz del Toño. Y eso es lo peor que le puede pasar a uno.

Si no es Magritte, alguien tiene que recibir la paliza. El niño gigante. Subo por las escaleras del sótano. La puerta está cerrada. Me siento junto a la puerta haciendo guardia. Así que la abra yo me lanzo, lo hago caer, me subo sobre él y lo golpeo, primero con los puños y luego con los pies.

Con tanta rabia me entra sed, sed de venganza.

—Te voy a romper, Magritte.

—Aparecé ahora. No seas cagón. Magritte marica, Magritte marica.

Me voy quedando dormido.

Despierto porque algo me golpea la cabeza.

Levanto la vista y veo un paraguas volar por encima de mi cabeza, y luego otro, y otro. Llueve. Llueve dentro del sótano. Estos infelices se encargaron de perforar el techo de la casa. Estoy completamente mojado, tanto que no sé porqué abro un paraguas y me protejo de la lluvia. Por costumbre.

Fuerzo la puerta. Al tercer intento se abre. Arriba no llueve, cierro el paraguas, lo sujeto con la mano, puede servir para sorprender a Magritte, hacerlo caer y luego caerle a puñetazos.

—No te saldrás con la tuya Magritte, eso sí que no.

En vez del gris Pantone Cool Gray que elegimos con mi mujer, las paredes de la casa son celestes, pintadas con nubes redondas y perfectas, como sacadas de un cuento de niños.

Han quitado las gradas, para subir tengo que arrastrarme hacia arriba por un resbalín de metal, como de estación de bomberos.

—¿Así que te dedicaste a convertir mi casa en un parque de diversiones? ¡La conchadetumadre!

No hay puertas, tampoco paredes, todo está junto, la sala, con la cocina, los cuartos con los baños. Quitaron las ventanas, y en su lugar colocaron un gran tragaluz en vez de techo. No me extraña que llueva en el sótano.

—Piensas con el culo Magritte.

En vez de camas, los espacios para dormir que sin paredes me cuesta llamarlos cuartos, tienen hamacas.

—Como un animal duermes, como un animal ocupas mi casa Magritte, ni siquiera tienes sábanas.

Hay libros por todas partes. Pequeñas, medianas y grandes montañas de libros. Lecturas amontonadas por todas partes.

—No me extrañaría que los uses en vez de papel higiénico, huevón. Aparecé ahora, salí de dónde estés.

Tropiezo con una montaña mediana de libros y caen al suelo, en cámara lenta, tan lento que alcanzo a leer los títulos. *Magritte prêt-à-manger. Le sommeil de Magritte. Magritte va à la mer.*

—¿Así que tu ego es tan grande cabrón que todos los libros se tratan de ti?

—*Bien sûr* - oigo la voz de Magritte.

—Salí pelotudo de dónde estés.

Magritte se ríe. Su risa resuena en toda la casa, como si hablara por un altoparlante.

—Magritte, llegué para golpearte, hasta que sangres, hasta que te arrepientas y me pidas perdón de rodillas.

Silencio.

Miro hacia arriba y veo el ojo gigante de Magritte que se asoma por el tragaluz de mi casa, las gafas agrandan sus pestañas y sus cejas depiladas.

Además de cabrón, presumido.

Me mira con miedo, terror. Me ha reconocido. Al fin se ha dado cuenta de que llegué para partirle. Que estoy dentro de él y no me voy a ir hasta darle su merecido.

—*C'est toi qui doit sortir* - dice y le tiembla la voz.

—¿Salir de dónde cabrón? Si estoy en mi casa.

—*De chez moi, de ma tête* - dice entre suplicante y nervioso.

Me siento mareado, con náuseas.

—Macho, carajo - digo en alto para componerme.

Respiro hondo.

Me remango las mangas de la camisa, me concentro en las palabras del Toño. No puedes dejar que la rabia te termine enfermando.

Salgo por la puerta.

Todos queremos a Penélope

Para Ana María, Anita

1

Esta historia puede empezar por cualquier parte.

Un hijo acaba de enterarse de que su papá está empeñado en casarse por segunda vez.

El viejo está muy mayor y no le queda mucho tiempo más de vida. Lo último que puede hacer el hijo es enojarse con él, hacerlo sería de muy mal gusto. El hijo recibe la invitación resignado y finge la felicidad que no siente de que su papá planea casarse con una desconocida. Una señora que tiene aire de buena persona, pero que está tan enferma y demacrada que da lástima.

Está preocupado porque no sabe cuánto tiempo puede durar la felicidad de su papá, y la felicidad de esa mujer junto a su papá.

Su papá, que antes adoraba a su mamá, se ha vuelto a enamorar. Para el hijo es difícil escucharlo decir que ama a una desconocida. Que hace mucho que no se sentía tan feliz. Nunca pensé en volver a sentirme como un joven, le dice su papá entre avergonzado y sorprendido.

El hijo siempre se sintió orgulloso de saber que sus padres habían nacido el uno para el otro, como decía su mamá besando a su papá.

Cuando era niño, se sentía avergonzado de ver a sus papás besarse y abrazarse delante de él, y también le daba un poco de asco. Con el tiempo desapareció la vergüenza, y luego el asco.

Cuando se hizo mayor, aprendió que amarse como se amaban sus papás era difícil, casi imposible.

2

Quizás se pueda empezar de nuevo.

Lo más seguro es que Penélope vuelva a caminar, decía el médico.

Cuánto tiempo de vida le queda, no sabemos.

Quizás con la ayuda del patán que se autoproclama su novio aumenten las posibilidades de una recuperación completa.

Por lo pronto, que pueda viajar es inconcebible.

A menos que quieran largarse en barco hasta la Polinesia junto con el médico y las enfermeras de turno.

La verdad es que no sé cómo Penélope piensa viajar en avión si ni siquiera puede estar sentada más de diez minutos seguidos.

Es que a Penélope siempre le gustó hacerse notar de la manera más ridícula posible.

En el matrimonio de Alicita lloró amargamente y hasta la abuela se acercó para preguntar si estaba todo bien con ella.

Penélope lloró a la vista de todos.

Sin molestarse en limpiarse la cara.

Alicita que es tan buena con ella le perdonó la impertinencia y con su marido la visitan todos los días.

Su consuegra manda una caja de chocolates y una vez por semana galletas caseras.

Alicita le lleva fruta cortada y también cerezas, que están carísimas, porque sabe que a Penélope le gustan mucho.

Penélope es así de mimada, mimada por todos.

Al final todo el mundo a su alrededor acaba queriéndola y haciendo todo lo que se le antoja.

Todos queremos a Penélope.

Pero ella ya no nos quiere. No como antes.

Ya no pregunta que comí ayer, y si no me olvidé de tomar los comprimidos para controlar la tensión.

Cuando le conté que mi tensión anda por las nubes y el médico me recomendó adelantar los exámenes anuales para decidir si sube la dosis, ella me miró distraída, sin prestarme atención.

Ni siquiera se esforzó por fingir preocupación, tampoco me preguntó los detalles de mi próxima consulta.

Penélope anda como ajena a todo, y a todos.

En el fondo es que es una malagradecida que no sabe apreciar el esfuerzo que hacemos por ella.

Alicita sale antes del trabajo y para compensar trabaja los fines de semana.

Todo esto con una nena de dos años que se queda en casa de sus suegros para visitar a Penélope todos los días.

Y Beca no se queda atrás, Alicita me contó que Beca se peleó con su jefe porque un día se negó a dejarla salir temprano para visitar a su madre.

Beca ofreció su renuncia, y su jefe, que la aprecia a mares porque Beca es trabajadora, además de brillante, terminó cediendo, ahora tiene la vía libre para ir y venir cuando así lo considere oportuno. Penélope, que debería arrodillarse y llorar de alegría de tener unas niñas así de dedicadas, ha tenido el atrevimiento de pedirles que sean sus damas de honor en la farsa de matrimonio que ella y el vejete pobretón de su novio se empeñan en llevar adelante.

La última vez que vi a Penélope llevaba nuestro anillo de bodas de oro macizo junto con otro anillo, de esos que venden en ferias de barrio.

Es injusto que Penélope la pase bomba con su amago de novio y yo sea el hazmerreir de toda la familia.

A los amigos, por suerte, todavía no les ha llegado la nueva de su futuro matrimonio, aún así Penélope se empeña en fijar una fecha para la boda y mandar a imprimir invitaciones para anunciar a todo el mundo que yo seré el cornudo más grande que pisa la tierra.

Además de darme la contra en todo, Penélope está decidida a invitarme a su fiesta de broma para humillarme en público.

Dice que está enamorada. Como para morirse de risa.

Ella que siempre fue tan práctica y con los pies en la tierra, ahora parece una niña caprichosa.

Yo que pensé que acabaríamos nuestros días los dos juntos, tengo que hacerme a la idea de preparar el desayuno los domingos, cuando la empleada no está, hacer las compras en el supermercado y ocuparme de tareas domésticas infernales, además de todo el trabajo, las reuniones y los contratos que se me están acumulando por falta de tiempo.

Así es como me paga después de todo lo que he hecho por ella. Yo que me rompí la espalda trabajando todos estos años, mientras Penélope se iba de compras con sus amigas, se volvía a meter a la cama después de prepararme el desayuno, iba la peluquería una vez por semana, y gastaba lo que le daba la gana sin pedirme permiso. Malagradecida.

3

Lo único que puede salvarla es amar, o ser amada.

Al comienzo, cuando nos avisaron que mamá se había enamorado de otro paciente, nos pareció absurdo y hasta un poco gracioso.

Decidimos no hacerle caso. No porque no queramos a mamá lo suficiente como para no alegrarnos por ella. No porque seamos unas malas hijas. No porque tengamos un corazón de piedra.

No, no, no.

Nos pareció una pérdida de tiempo que mamá se enamorara justo ahora.

Mamá está a punto de morir y se enamora, en este orden. Podría haber sido mamá se enamora y luego está a punto de morir.

Cuando nos dijeron que lo más seguro es que mamá viva más tiempo de lo pensado, y no muera como estaba previsto todos nos alegramos. Nuestra alegría duró poco.

A papá le pareció una afrenta que mamá ahora que va a vivir después de todo lo que pasó, y lo que pasamos, anuncie que se ha enamorado de un desconocido. Un señor mayor que camina arrastrando los pies, con unas pantuflas con hilachas.

Después de que mamá anunciara sus planes de boda, papá se quedó furioso. Y dejó de venir a visitarla todos los días. Está resentido con ella y lo peor es que tampoco tiene el coraje de decirle lo mucho que le duele que esté enamorada de otro. Pero nosotras sabemos que lo peor para papá es pensar que mamá quizás no vaya a morirse porque se enamoró a última hora, y sentirse enamorada fue lo que la salvó.

No fue el amor a papá, ni a nosotras. Lo que la salvó fue el amor a un tipo cualquiera.

Estoy enamorada, dice con lágrimas en los ojos, y soy tan feliz. Como una adolescente, entre avergonzada y dichosa.

Al verla así se me revuelve el estómago. No tengo coraje para decirle que es grotesco verla dándole la mano y acariciando a un señor, que a veces huele a pis, el pobre.

No es lo mismo enamorarse cuando una tiene toda la vida por delante, que cuando se vive con el tiempo descontado, como mamá.

Mamá parece otra persona.

Tuvo el descaro de anunciar que está enamorada de un

hombre que no es su marido, porque sabe que nadie, ni mucho menos nosotras, le vamos a echar en cara el atrevimiento.

Quizás es la primera vez que la vemos feliz y por eso la sentimos diferente. Es como si hubiese despertado de una pesadilla transformada.

Ahora dice todo lo que piensa y no se sonroja delante de nosotras. Incluso tiene la osadía de preguntar por papá y mandarle saludos cuando venimos a visitarla.

No nos atrevemos a decirle que a papá se le cae la cara de vergüenza.

Se refiere a papá como si fuese su amigo, un amigo querido y entrañable, por el que siente cierto afecto, pero deja bien claro que eso no tiene nada que ver con el amor. Nosotras nos miramos de reojo, esforzándonos por contener la rabia y la pena.

Después de la visita hablamos muy poco, como si no tuviéramos que decirnos, porque lo familiar se volvió confuso y embarazoso. Cada una se mete corriendo en su auto y así hasta la siguiente vez.

En vez de vernos junto a la mesa de la cocina, nuestro lugar de encuentro ha pasado a ser el cuarto de una clínica con pasillos verdes y olor a desinfectante, y no el habitual olor dulce y conocido de las galletas de naranja que hacía mamá y que nos servía con chocolate caliente.

Mamá que siempre fue tan dedicada con nosotras.

Nos recogía temprano del colegio, nunca nos dejó esperando, llegaba con un plan para ir al cine cuando papá estaba de viaje, adivinaba lo que queríamos para Navidad y nos iba dando regalos por adelantado. No le importaba salir a comprar pizzas y helado para levantarnos los ánimos. Organizaba excursiones con amigos cuando éramos pequeñas y viajes sorpresa cuando crecimos. Mamá que siempre contestaba el teléfono a la primera y no se cansaba de repetir lo mucho que nos quería a nosotras, sus niñas. Son mis dos corazones decía sonrojándose.

A todos nos sorprendió la noticia.

Alicita lloró porque su nena se quedaría sin la abuela.

Hasta llegamos a dividirnos sus joyas, con el permiso de papá. Incluso elegimos su último atuendo, un par de zapatos azules de medio tacón, a juego con un traje azul oscuro y una camisa blanca bordada.

El traje que pensamos sería el último, al parecer, será el primero de la nueva vida de mamá junto con ese desconocido, que papá ha bautizado como vejete pobretón.

A mamá le parece pasado de moda casarse vestida toda de blanco.

Nos esforzamos por seguirle la corriente como hacíamos antes, cuando mamá estaba por morir y no tenía sentido alguno contrariarla.

Cuando mamá vivía inconsciente y asistida por un tubo de oxígeno, estuvimos a punto de soltar el cable, como lo llamaba el médico. Y no lo hicimos. Preferimos que mamá se fuera apagando, poco a poco, a su ritmo. Sin forzar nada.

El problema es que nos habíamos hecho a la idea de que mamá va a morir antes de tiempo, y sólo por eso le permitimos tanta desfachatez a ella y a su novio, que le ha regalado un anillo de compromiso, con los colores del arcoíris, dice ella feliz que usa junto con el anillo de casada.

La única que se alegra es tía Aldina, la prima hermana de mamá, que como está un poco mayor y olvidadiza le parece una novedad espectacular, y de ninguna manera una barbaridad, que mamá se vaya a casar y que nosotras, sus hijas, seamos las damas de honor.

Penélope se casa, es una bendición para toda la familia, dice persignándose.

Sin que nadie le pida, tía Aldina se ha encargado de contar la nueva a toda la familia. A nosotras casi se nos cae la cara de vergüenza.

Siempre pensamos que mamá lucharía por el amor que nos tiene y que tendría la fortaleza de pelear hasta el final, por nosotras, por papá.

Jamás se nos pasó por la cabeza que mamá lucharía por un desconocido, que no protestara al tomar sus comprimidos y que se dedicara en cuerpo y alma a ejercitar sus piernas para volver a caminar. Para salir de la iglesia caminando, dice ella. Mis niñas, ¿no les parece que una silla de ruedas queda feo en las fotos?

Papá está convencido de que todo lo que está pasando se traduce en la venganza final de mamá. Nadie le quita la idea de que nunca lo perdonó por engañarla con Marita, Ligia y Clarita, sus secretarias. Y es que para papá todavía es un enigma la inocencia de mamá cuando se conocieron, y esa ingenuidad de niña mimada de creerse todo lo que papá le decía. Y es que mamá era de buena familia y no le explicaron que las cosas casi nunca salen como uno quiere.

El estado de papá nos preocupa a todas tanto como el matrimonio inminente de mamá, pero no tanto como las indiscreciones frecuentes de tía Aldina.

4

No es la primera vez, tampoco será la última.

Se enamora, le propone casarse, planean juntos la fiesta, el viaje de novios y ella muere.

Él se deprime, no quiere comer, no tiene ganas de nada, se queda encerrado un par de días hasta que llega la futura novia. Poco a poco se recupera, vuelve a comer, sale a dar vueltas, se sienta al sol para ganar color, dice él, y cuando ella se ha acostumbrado a vivir aquí, él le hace una visita.

Al principio, él pasa desapercibido, ella apenas lo distingue entre los otros pacientes. Él insiste y poco a poco se va ganando su confianza. Puede estar horas sentado a su lado haciéndola reír. Cuando él confiesa que se ha enamorado de ella, ella se sonroja, luego se enoja, y decide dejar de hablarle.

Se niega a verlo.

Nosotros intervenimos y no dejamos que él la visite si ella no tiene ganas de verlo.

La monotonía en la clínica puede ser abrumadora, por eso jugamos a apostar cuántos días ella se negará a verlo.

Al final puede fingir que no le importa que él esté enamorado y hasta puede ser que se sienta afortunada de que en estas circunstancias alguien se enamore de ella.

Ella se siente sola. Encarga a su familia un lápiz de labios, polvo para darse color en las mejillas y que le pinten las uñas.

Ella anuncia que él puede volver a visitarla después de una semana.

Él vuelve, tímido, y hasta un poco avergonzado.

Como está enamorado, ella no puede negarle un par de caricias en las manos, en la frente, en las mejillas, que cada vez se hacen más frecuentes, sobre todo las de la frente.

Él se sienta a su lado, comen juntos y hablan durante horas.

Él le cuenta sobre nosotras, los enfermeras, el médico que la visita día cada dos días. Los otros inquilinos, como él llama a los pacientes del hotel en que nos encontramos.

A ella le gusta el pescado, pero últimamente come mucha carne porque nadie tiene el tiempo, ni la paciencia, de retirar las espinas para ella. Él parte en dos el pescado, retira con cuidado la piel y luego levanta el espinazo en cámara lenta, para evitar que las espinas laterales se cuelen. Luego va juntando el pescado en montoncitos iguales, asegurándose de que ninguna espina se escape. Él realiza esta tarea con dificultad. Para los años que tiene, su vista tampoco está del todo mal, pero como las espinas son transparentes trabaja cerca de la lámpara encendida para ayudarse. Todo esto sin dejar de hablarle y decirle lo mucho que la quiere. Tarda tanto en deshuesar el pescado que insiste en volver a calentar el plato de comida con verduras, a pesar de irritar a la cocinera calentar un plato dos veces. Para él, la mirada de ella cuando vuelve con el plato de pescado caliente compensa cualquier sacrificio.

Ella se va acostumbrando a la compañía de él.

Él le cuenta acerca de su hijo y sus nietos, que lo visitan los domingos. Ella le cuenta de sus hijas y su marido, de su nieta apenas se acuerda ella, pero la ve creciendo en las fotografías. Se llama Penélope.

El día de su cumpleaños, él es el primero en felicitarla. La abraza y le canta bajito feliz cumpleaños. Ella, todavía dormida, lo ve aparecer entre sueños con una vela prendida que acentúa su cara arrugada, sus gafas enormes y su cabello totalmente blanco.

Cuando la familia de ella la visita, él sale discretamente y la deja en compañía de sus hijas y de su marido.

Ella le dice que no puede casarse con él porque es una mujer casada.

Él no se cansa de insistir.

Te adoro, chiquita linda, le dice, mientras le acaricia la frente.

Él le dice lo linda que se ve cuando sonríe y le acaricia la punta de la nariz.

Ella se ríe con él.

Como tampoco requiere esfuerzo ser querida, ella se deja llevar.

Él le hace regalos. Nada espectacular. Una pinza para su cabello, un par de flores sueltas junto a su cama, una naranja del jardín.

Él la anima cuando ella hace sus ejercicios. Está seguro que ella será capaz de volver a caminar.

Él le promete llevarla a Italia. Ella dice que ya conoce Italia, que si van a viajar prefiere ir más lejos. Él dice Indonesia. Ella sugiere Bora Bora. Los dos se ríen y empiezan los planes del viaje.

Ella toma nota que debe renovar su pasaporte antes de partir.

Él hace una lista de tareas para hacer.

Juntos escriben un itinerario, que incluye hacer una parada de un fin de semana en la Isla de Pascua, desayunos al amanecer y una caminata en la playa bajo la luna.

Deciden que cuando ella vuelva a caminar se irán juntos lo más lejos posible.

Para entonces, ella está enamorada.

5

Esta historia puede acabar en cualquier momento.

Con una mujer sentada en una silla de ruedas llorando.

O un hombre mayor con el cabello todo blanco y los ojos enrojecidos.

O también, con la voz en off de una mujer muy joven que dice:

Todo sucedió tan rápido.

Pensé que volvería a caminar.

Al menos murió enamorada.

Pascal

Con el mismo tono que Pascal utiliza para decir: Así, *ahora lamé mi espalda y mordé mis pezones*, dice: *Cerrá la puerta que hace frío.* Y también: *No te pongas melodramático, las abuelas suelen morir antes que uno.* Y: *Si calculamos la circunferencia de un círculo infinito y lo dividimos entre su diámetro, obtenemos la función Pi que podría explicar, entre otras cosas, la distribución de muertes en la población.*

No es que Pascal sea una mujer desalmada o calculadora, tampoco es que tenga un corazón de piedra.

Su suegra exagera cuando se refiere a Pascal como: *La puta sin corazón de la esposa de mi hijo.*

Pascal es una persona distraída. Matemática. Piernas largas. Cabello rojo. Delgada. Mirada soñadora. Sus días se resumen en las clases de geometría en el Liceo, ensaladas frías para almorzar que acompaña con una copa de vino blanco los viernes, y en sus tiempos libres colecciona listas de palabras en un cuaderno de hojas amarillas.

Palabras que se asocian al basurero municipal:
fotografías
una mujer, risas
calzones
chinelas
restos de atún

anotaciones a lápiz
vísceras.

A Gonzalo, el marido de Pascal, su mujer lo trae loco de felicidad.

Pascal es linda y divertida, desdramatiza cualquier situación, incluso la muerte de su abuela y no es una resentida. Tiene muy mala memoria como para echarle en cara algo del pasado.

Con Pascal, Gonzalo se siente libre de arrepentimiento por exceso, y liberado de cualquier culpa por omisión.

Es raro ver a Pascal malhumorada.

Un alivio para Gonzalo después de convivir poco más de veinte años con la mala onda de su mamá y de su hermana.

Su hermana nunca le perdonó la cicatriz en el hombro derecho, culpa de Gonzalo por sorprenderla a los siete años con una espada (el cucharón de la sopa).

Por su culpa no me puedo poner vestidos con escote y tampoco un bikini en la playa, como si Gonzalo fuese culpable de que su hermana se hubiese quedado solterona.

Su mamá guardó una cicatriz de guerra, también por culpa de Gonzalo. La picadura de un alacrán que éste no alcanzó a matar poco después de cumplir once años.

Como único hombre de la casa es lo menos que esperaba de él. Esto es lo que su mamá suele decirle a su manicurista cuando ésta se queja de la forma irregular de la uña de su dedo gordo.

En el fondo, Gonzalo es un suertudo, Pascal es una brisa de aire fresco y no un huracán.

Bueno, bueno se murió tu abuela, al final a todos nos toca morirnos, fue lo que Pascal le dijo a Gonzalo de camino al entierro.

Y todo el peso y la pena que sentía Gonzalo desapareció como el humo del cigarrillo que encendió para relajarse.

Estas cosas pasan repitió Gonzalo, besando el cuello de su mujer. Me pasan a mí y a todo el mundo.

La paz y el alivio que sentía se quedaron congelados cuando al abrazar a su madre le dijo estas cosas pasan, no te preocupes, y ella lo miró con odio primero a él y luego a Pascal porque ella asintió, y luego se atrevió (¡se atrevió!) a sonreír.

Después de intentarlo con su hermana (estas cosas pasan), Gonzalo se dio cuenta de que quizás el tono que empleó para decirlo no fue tan reconfortante como el que usó Pascal con él, y por eso ni su hermana ni su mamá se sintieron aliviadas.

Durante el entierro, a Pascal le fue peor que a Gonzalo, no fue capaz de soltar ni una lágrima (¡ni una sola!). Se ocupó de hacer una lista mental del cementerio, otra de los árboles y una tercera de los zapatos.

Cuando la ex novia de Gonzalo (con la que te deberías haber casado, en vez de ese palo sin sentimientos) llegó al entierro llorando, hecha una pena, le dijo a Gonzalo casi a los gritos: Con el corazón partido he recibido la noticia. Y luego se tiró a los brazos de la suegra de Pascal.

Gonzalo se las arregló para irse temprano y hacerle el amor a Pascal.

Despacito. Varias veces.

Pascal, mi mujercita.

Sin apurar nada.

Palabras que se asocian con el olor a pasto recién cortado:
flores
parques, bicicletas
picnics
verano

siete goles
hormigas culonas
caca.

De sus colegas del Liceo, Pascal sabe lo que escucha en el baño de mujeres, en la sala de reuniones, o en los pasillos. Pascal suele asociar a sus colegas con una lista.

Para la secretaria, Pascal ha escrito: tacones, nervios, cinturones, carteras, lila.

Con el mensajero, la lista de Pascal sigue así: tatuajes, cojera, humedad, manchas de café.

De la profesora de estadística leemos: uñas cortas, galletas, pecas, rojo.

Pascal suele recordar poco y mal cualquier historia, generalmente se queda con los detalles, y el argumento principal se le termina olvidando.

Palabras que se asocian con el olor a vino:
dos copas de cristal
salsa picante
calor sofocante
cosquilleos
lengua
dos aspirinas.

Un lunes a la hora del almuerzo se encontró a la profe de biología llorando, la consoló y luego fueron juntas a tomar un café.

La profe de biología: minifalda, chocolate, lluvia, verde, kleenex.

De la conversación que tuvo durante más de media hora con

ella, Pascal sólo recuerda que como le dolía la barriga y se quedó toda la tarde sin salir de su casa. Luego su compañero, en realidad viven juntos pero no están casados y comparten todo como si lo estuvieran, llegó con alguien que ella detesta. Ella dijo algo. Él se enojó con ella. Sonó el teléfono y él en vez de consolarla lo contestó y luego salió sin despedirse.

Palabras que se asocian con el olor a las papas fritas:
sal
migas
parrilla
moscas
grasa
recomendaciones.

Pascal ha olvidado qué fue lo que él le dijo a la profe de biología que la dejó tan triste, y no recuerda con quién habló por teléfono.

No siempre es fácil para Pascal fingir que se acuerda de todo lo que le cuentan y aportar comentarios o respuestas durante una conversación. *¿Me sigues? ¿Qué harías tú en mi situación? ¿Cómo salgo de esta?*

La peor experiencia que Pascal ha tenido hasta ahora fue con Paco, el asistente del Director del Liceo.

Paco: barba, tos, miedo, tabaco negro.

Un día que llovía a mares, Paco se ofreció a llevar a Pascal a casa. Como Pascal estaba cansada y además tenía sueño cerró los ojos y se dejó llevar. Ha olvidado la conversación que tuvo con él. Lo que sí recuerda con claridad es una mano sobre su muslo izquierdo, mientras escucha que se acuesta con la profe de biología, y a veces con la profe de estadística.

Pascal no está segura, pero al parecer Paco se acuesta con casi todas las profesoras.

Pascal tiene ganas de llegar a casa, está asqueada, cansada de esquivar la mano que la acaricia y avanza por su muslo.

Palabras que se asocian con el olor al pan recién horneado:
domingo lento
mermelada de ciruela
pasillos
leña
un jardín que lo cubre todo.

Cuando Pascal está muy nerviosa, suele imaginar el viaje de un hombre por el azul del mar en una botella.

La botella lo protege de las rocas, las mordidas de los cangrejos y los remolinos. Si cierra los ojos puede contener la respiración debajo del agua toda una eternidad. Toda una eternidad para el hombre de la botella no es lo mismo que toda una eternidad para una ballena o un elefante. Para el hombre de la botella toda una eternidad es comparable al cosquilleo en el estómago segundos antes de resbalar por la espuma de una ola gigante. Las palabras en el mar se ordenan primero en torno a los radicales, y luego según el número total de líneas que hacen falta para completar una ola.

Entonces, Paco dijo algo muy importante porque dejó de acariciarla y la miró fijamente. Pascal no recuerda qué fue lo que le dijo, pero puede jurar que fue algo muy serio por el tono que usó Paco, que no fue el mismo que empleó cuando le dijo: *nena, está lloviendo, que te llevo, ¿Te gusta el reggae? ¿Nunca te dijeron que los tacones realzan tus caderas?*

De ese instante Pascal sólo recuerda los ojos irritados de Paco.

Palabras que se asocian a un mercado de pescado:
   mujeres de negro
   manos arrugadas
   ligas para los billetes
   botas amarillas
   tempestad.

Al llegar a su casa, Pascal se prometió nunca más volver a subir al auto de Paco.

Mejor mojarse con el agua de la lluvia, que con la tormenta de insultos de Paco.

Mientras abría la puerta, Pascal pensó una de dos, Paco sufre de una conjuntivitis tremenda, o suele estar borracho la mayor parte del tiempo.

Y también pensó en las ganas de sentarse en el sillón de la sala, cerrar los ojos, dejar que su cuerpo se relajara y dejarse llevar por las caricias de su marido. Las manos de Gonzalo sobre sus hombros, su cuello, su espalda, sus pies.

Palabras que se asocian al miedo:
   túnel
   oscuridad
   cámara lenta
   tabaco
   lluvia
   arcadas
   lágrimas.

La Paz de América

Miles de historias
Van construyendo La Paz
Siento que soy
Parte de ella
Que habla a través de mí

"La ciudad que habita en mí", Octavia

El viento frío, helado, penetra implacable su chompa blanca con puntitos negros a juego con una blusa demasiado delgada para terminar en una camiseta que sujeta sus pechos diminutos y sus pezones arrugados.

América camina por La Paz.

América cambia de opinión con frecuencia, sobre todo cuando se trata de situaciones insignificantes y triviales.

Hoy puede estar convencida de algo, lo que sea: La Paz es una mujer.

Y mañana se convencerá de lo contrario: La Paz es un hombre.

Un niño.

O una paloma sucia y hambrienta.

Así, hasta el infinito.

—¿Así que crees que La Paz es una mujer? – le preguntó Juan al entrar al cuarto, o decirle hola, y volvió a repetir la pregunta acercándose hacia ella sin descolar los ojos de su frente.

No la mira a los ojos porque está borracho y cree que América no se ha dado cuenta. América trata de evadir sus brazos pesados que caen sobre sus hombros, luego se desliza hacia sus pechos, y finalmente se derrumban en sus nalgas.

Faltan cinco minutos para las tres de la mañana, América se apura para no llegar tarde a la panadería. Esquiva primero su boca y luego su lengua. Sale por la puerta sin mirar atrás.

Juan está demasiado borracho y cansado para seguirla, probablemente se quedará dormido hasta mañana.

Juan le gusta, a los meses de comenzar a andar juntos se fue a vivir con ella, pero cuando llega borracho es un pesado. Su aliento, sus pasos, su sonrisa. Todo, le da asco.

América es joven y es feliz.

Pequeños detalles cotidianos disparan su alegría hasta el infinito.

Las sonrisas que le devuelven los niños que gritan descolgándose por la ventanilla de los trufis blancos. La marraqueta crujiente que come todas las mañanas y que mastica con fuerza para no atorarse. El sol que calienta su espalda y sus hombros al medio día. El eco de sus zapatos en contacto con las calles adoquinadas de Sopocachi. Las palomas cagadas de la plaza Murillo que persigue muerta de risa los domingos por la tarde.

Así es América.

América tiene diecisiete años. Trabaja en una panadería de madrugada. Por las tardes ayuda en una papelería del centro. Y en sus ratos libres estudia francés.

—¿Y por qué no inglés? - le preguntó Juan cuando le contó que había decidido estudiar francés.

Quizás sea por hacerse a la original como opinan en la papelería, o a la europea, como le dijo Juan justo después de lanzarle la pregunta. Como no supo responderle, decidió cambiar de tema.

—A veces pienso que La Paz es un macho insoportable - dijo sin mirarlo a los ojos.

Sintió la mirada fija de Juan clavada en su nuca, siguió mirando sus zapatos y no desaceleró el paso. Juan se quedó callado y la agarró por los hombros con tanta fuerza que le hizo daño. Siguieron caminando en silencio hasta llegar a la esquina.

Juan se golpeó el pecho y dijo, La Paz es un macho como yo.

Luego lanzó una carcajada que contagiaba sin esfuerzo. Se quedaron parados, los dos doblados de risa, hasta que pasó el trufi. Corrieron. Juan le dio un beso apurado antes de subirse, y se fue riendo.

Es posible que La Paz fuese un hombre que promete y no cumple con lo que dice, y que llega tarde sin esforzarse por inventar una excusa creíble, y que también te hace reír de vez en cuando.

Un hombre que sigue oliendo a sudor después de ducharse, con las mejillas ásperas que te hacen cosquillas cuando te rozan; que se esfuerza en ser atento y cariñoso a su manera, que economiza en los besos y en los caricias. No vaya a ser que te acostumbres y te ablandes más de la cuenta.

La Paz es un hombre que te agarra fuerte con las manos endurecidas por los callos, para que no te escapes.

Por las tardes, América camina rumbo a la papelería que queda a la vuelta de la universidad haciendo fotocopias. Y también vende bolígrafos, borradores, cuadernos y sobres manila. Los estudiantes suelen entrar a la papelería con comida en las manos. Su jefa los sigue atenta para lanzarles un grito si se animan a tocar los cuadernos con sus manos sucias. Seguramente gritaría a los niños que te cobran el pasaje en los trufis porque ellos tampoco se lavan las manos después de comer, limpiarse la nariz o contar la plata.

América baja por la avenida Arce y gira por la calle Pinilla antes de dar con la 20 de Octubre. Las voces de los niños que gritan desalmadamente las próximas paradas desde los trufis acompañan y aligeran su camino.

Si América cierra los ojos puede recitar de memoria, sin miedo a equivocarse, los barrios que se deslizan hacia abajo, más allá de la avenida Kantutani. Achumani, Calacoto, Cotacota, Obrajes, Alto Següencoma. Subiendo en sentido inverso, de sur a norte, América repite junto a los niños con los ojos cerrados. Bella Vista, Bajo Llojeta, Ovejuyo, Chasquipampa, Miraflores, San Jorge, Sopocachi.

¿Y si La Paz fuese un niño?

Un niño vocero con las mejillas quemadas por el sol, el cabello alborotado y con la mirada y la voz rasgadas de tanto gritar contra el viento helado.

América imagina un mapa sonoro de la ciudad, mucho más divertido que esas láminas cuadriculadas que los estudiantes compran con las calles dibujadas.

Un mapa sonoro que comienza con ella contando hasta nueve. Maya, paya, kimsa, pusi, phisqha, suxta, paqallqu, kimsaqallqu, llatunka. Sigue con el valle de la luna, la muela del diablo, las llauchas, la calle de las brujas, el fricasé con chuño, el mercado de alasitas. Y termina con la fiesta del Gran Poder, las hondas de llamerada, los platillos, las polleras, las zampoñas, las quenas y la kullawada.

El agua helada con el que se lava la cara es lo único que la despierta a las tres de la mañana. América se abriga más de la cuenta. Todo lo que se ponga encima será inútil. Doble camiseta, medias de lana y dos chompas. El frío terminará penetrando todas las capas de ropa que lleva encima y se clavará en su pecho antes de llegar a la panadería.

América nació en Desaguadero.

Un pueblo solitario y olvidado, como tantos en el altiplano boliviano. Está acostumbrada a vivir a más de cuatro mil metros sobre el nivel del mar. A la altura, la falta de oxígeno, los dolores de cabeza frecuentes, la pesadez del estómago si ha exagerado con la comida, o con el alcohol.

América llegó a La Paz con su madrina. Una ciudad al borde del precipicio que contrastaba con la planicie del altiplano. Tras cinco años de vivir aquí, todavía no se acostumbra a las pendientes de la ciudad. Todavía la dejan sin aire.

Mientras más bajes a la ida, tendrás que subir más a la vuelta. Esto fue lo que le dijo Juan al poco de conocerse, y tiene razón. Se da la vuelta, y detrás de ella están todas las gradas que tendrá que subir para volver a su cuarto, a dormir con Juan, en el colchón a rayas azules y blancas, quizás demasiado estrecho para los dos.

Sólo de pensar en la subida le da flojera seguir caminando.

Bajar es más divertido que subir, piensa, ignorando, por ahora, todo el esfuerzo que supondrá la vuelta para sus rodillas, y su corazón.

Se da cuenta que camina demasiado rápido porque comienza a ver borroso y deja de confiar en sus rodillas. Se sienta en el primer banco que encuentra y coloca su cabeza entre sus piernas. Respira profundamente y luego cuenta hasta nueve.

Su corazón desacelera y el aire deja de entrar con dificultad. Respira a través de la manga de su chompa para calentar el aire.

El aire de madrugada que despeina a América es tan frío que amenaza con desatar el sangrado de su nariz, de sus labios y sus mejillas. Después de unos minutos la presión en su pecho disminuye.

Piensa en lo que dijo anoche. La Paz es una mujer. Y luego se quedó callada, no habló más.

Quizás estaba provocando, quizás también estaba borracha y no pensaba con claridad, o quizás cambió de opinión, a pesar de haber jurado a Juan la semana pasada cuando se pusieron a hablar del asunto que La Paz era un hombre.

¿Y si La Paz fuese una mujer?

La Paz es una mujer difícil y escurridiza, y por eso mismo mucho más atractiva.

Miles, millones de luces la saludan cuando se pone de pie.

El juego de luces que América observa confirma su teoría. La Paz es como una mujer echada boca abajo con las piernas abiertas y los brazos levantados. Una mujer desparramada y caótica que no tiene tiempo de peinarse el cabello lacio y negro. Seductora. Una mujer tímida con tendencia a la melancolía y al drama. Una mujer que grita y tiembla de vez en cuando.

A las cuatro de la mañana el sudor que cae por su cuello y su espalda se ha encargado de mojar toda su ropa debajo del mandil blanco.

América coloca bolas de masa sobre una lata cubierta de manteca. Camina en silencio. Parece un fantasma rodeada del humo que sale de los hornos. El olor a pan recién horneado se confunde con el sueño que América tiene a las cinco de la mañana y todavía falta una hora para irse a dormir.

El humo se mezcla con la harina suspendida en el aire sofocante que respiran una docena de mujeres muy jóvenes, todavía adolescentes. Como América. Sólo el olor de la primera horneada las despierta. Ajenas al caos que dentro de poco explotará en las calles, estas jóvenes comen todas las mañanas pan caliente que a veces acompañan con un pedazo de queso, y té negro con azúcar.

Ellas ríen y juegan con el humo que su aliento devuelve a las estrellas.

América vuelve sobre sus pasos como en un sueño, está muy cansada para seguir pensando si La Paz es una mujer, un hombre, un niño, o una paloma cagada.

Cuando siente su corazón acelerado decide contar sus pasos. Maya, paya, kimsa.

Así se obliga a caminar más lento, un poco más lento, lo suficiente para seguir avanzando y contener la presión que amenaza con reventar sus oídos.

A medida que América sube por las gradas de las calles adoquinadas de la Max Paredes, el cielo se pinta de azul al llegar al mirador Laikakota, un azul que contrasta con los nevados de las montañas. Entonces, todo parece mentira. Una alucinación, o un sueño.

Cuando las luces han desaparecido por completo, el cuerpo helado de América se junta con el cuerpo sudado y caliente de Juan, que ocupa la mayor parte del colchón. Parece un niño. Duerme con la boca abierta y no ronca, quizás lo hará cuando se haga mayor, piensa América.

Juan protesta porque los pies helados de América amenazan con despertarlo, pero aún así deja que lo abrace por detrás. Entonces, América también parecerá una niña.

Una niña cansada, con los labios morados de frío.

Antes de caer dormida, América imagina que La Paz es como una marraqueta, dura y difícil de masticar.

Un pan de mentira, o de juguete, como la ciudad.

Construida en un lugar imposible, sobre montañas erosionadas, donde las casas y las calles se balancean peligrosamente.

Como una gran telaraña.

Y donde todo corre el riesgo de precipitarse y desaparecer de un lengüetazo junto a la thola y el kuachi del altiplano.

En el Fiat rojo

En el Fiat rojo entramos cinco, seis apretados.

Diego, Manuel, Lara, los mellizos, y yo.

A Marina nunca la invitamos, según ella es imposible llegar hasta Sicilia un domingo por Avenida Rivadavia. Lo intentamos dos veces, pero nos amargó el fin de semana a todos.

Marina no es mala gente, pero con ella siempre hay algo que no está bien, no funciona.

Lo mismo pasa con Raulito, el hijo de Marina.

Cuando viene a jugar a casa con los mellizos, ellos dale con que vamos a la luna, tú manejas la nave espacial y nosotros pilotamos el cohete supersónico. Raulito pregunta por las máscaras de oxígeno y los trajes espaciales. Luego se niega a subir sobre Max, nuestro pastor alemán, es sólo un perro, ¿cómo me va a llevar hasta la luna?

Los mellizos mega frustrados deciden cambiar de juego y se meten a la pileta inflable. Deciden explorar los fondos marinos aunque para eso tengan que encontrarse cara a cara con los seres más peligrosos que habitan las grandes profundidades. Entonces Raulito dice, en una pileta de plástico tan chica como esta no entra ni un submarino amarillo de juguete.

No culpo a los mellizos por intentar ahogar a Raulito en menos de un metro de agua y no me queda otra que mojarme los pantalones cuando entro para rescatarlo.

Pero es que con Raulito no se puede jugar, se quejan los mellizos después de ser castigados sin postre tres días.

A mí también me dan ganas de asfixiar a Marina cuando se niega a llegar a Sicilia en el Fiat rojo, pero los mellizos son todavía muy chicos y mi tarea es educarlos. No puedo dejar pasar un comportamiento de esa naturaleza y hacerme a la loca.

Los mellizos tienen imaginación, como todos los niños de su edad.

Tampoco es que tengan una imaginación descomunal, pero la profesora de dibujo los tiene en la lista roja, igual que la profesora de ensayo y composición.

Ahí voy generalmente yo un viernes a primera hora a explicar a la señorita Lidia, que si los mellizos dibujan un paisaje con el sol poniéndose detrás del mar, llamado Atardecer en el Mar; o seis montañas redondas cortadas por la mitad titulado Las Medias Naranjas; o palabras escritas con nubes, no es porque los mellizos tengan una imaginación extraordinaria, o dibujen mal, todo lo contrario, los mellizos dibujan lo que ven.

En realidad, explico a la señorita Lidia y a la señora directora, los mellizos tienen cierta tendencia al diseño realista.

Lo mismo pasa con la señorita Clara, o la tía Clara como ella se hace llamar. Cómo es posible que cuando ella, la tía Clara, les pide escribir: Una composición libre sobre su fin de semana, los mellizos escriban sobre un mercado dominguero en Sicilia al que llegan en un Fiat rojo después de pasar por Río de Janeiro y todo esto circulando hacia el norte de Avenida Rivadavia.

Cuando Alejandro viene conmigo se pone rojo como un filete y luego dale con la mirada acusadora y las disculpas exageradas a las señoritas profesoras, más la directora, seguido del castigo ejemplar a los mellizos.

No siempre fue así de fácil llegar a Sicilia por Avenida Rivadavia.

Con Alejandro también se complicaban las cosas. Generalmente la gasolina se acababa antes de llegar a Tigre. Alejandro insistía en dejar Taormina para el próximo fin de semana y concentrarnos sólo en Río de Janeiro.

Luego le daba por hacer una parada en Gualeguaychú para comer empanadas y después se daba una gran siesta en el Fiat mientras los mellizos y yo caminábamos hasta el río Uruguay para comprar paletas de agua.

El motor se recalentaba y casi siempre acabábamos echándole agua al carburador para que arrancara de nuevo. Así, ni queriendo nos da para llegar a Río de Janeiro, decía Alejandro, lo mejor es que volvamos a Buenos Aires antes de que el motor se funda y se haga de noche.

Según Diego, la raíz de todos los males tiene que ver con que Alejandro es chileno.

—Sus padres eran chilenos, y sus abuelos también.

—Nació en la Argentina - corrijo.

—Bueno, es lo mismo, verás lo último que puedes pedirle a un chileno es que tenga imaginación, es así de diminuta - dice Diego. En un país tan estrecho, la imaginación nunca llega. Termina por resbalarse en el mar o se queda congelada en las montañas.

Manuel y Lara se ríen.

A mí los comentarios sobre Alejandro me hacen menos gracia.

No fue por eso que Alejandro le declaró la muerte a Diego antes de casarnos.

Alejandro me hizo prometer que nunca más volvería a ver a Diego porque cometí el error de contarle que me acosté con él antes de conocerlo. Y Diego nunca tragó a Alejandro porque según Diego, Alejandro es un cheto por un comentario que hizo a favor de las empanadas de Palermo frente a las empanadas de El Gordo Limón en San Telmo. Diego le dijo a Alejandro andá a comer empanadas a Chile pendejo. Por un pelo no se agarraron a puñetazos.

Volvimos a salir con Diego, Manuel y Lara después que Alejandro se fue de la casa.

Si seguimos por Avenida Rivadavia hacia el sur llegamos a Río de Janeiro en una hora, y todavía nos da tiempo para llegar al mercado dominguero de Sicilia, Taormina, antes de que cierren los puestos ambulantes. Llevamos empanaditas surtidas para el camino y alfajores de dulce para el postre.

En Taormina compramos una docena de cannoli, la mitad de ricotta con chocolate y la otra mitad de pistacho, a veces compramos tomatito seco en aceite de oliva y en temporada de frutillas una cassata con doble de crema.

Cuando Alejandro empezó a salir con Marina, mi mejor amiga, perdí la esperanza, pero no se acabó el mundo.
Marina, una mina con sentido del humor, lolas grandes, y sin imaginación.

El problema de la Mari, como la llama Alejandro, es Raulito.

Y es que Raulito, dos años mayor que los mellizos, es un abusivo con ellos.

Y Alejandro no dice nada.

Según él ya es hora de que los mellizos aprendan a defenderse como hombres, incluso les compró guantes de box. Sólo un degenerado hace eso, dijo Lara cuando los mellizos volvieron con moretones en los cachetes y los ojos hinchados. Los guantes de box, o las peleas auspiciadas por Alejandro son lo de menos frente a la falta de creatividad de Raulito, que anunció una Navidad a los gritos, que Papa Noel no existe, es el tendero de la esquina disfrazado con una barba de plástico y si huele mal es porque viene borracho, y no por la mugre acumulada en las chimeneas de las casas de los otros niños.

No culpo a los mellizos por tratar de lanzar a Raulito escaleras abajo dentro de una caja, ni por poner sal en su limonada.

Para Alejandro esto era el acabóse, INDIGNO de SUS hijos.

Alejandro insistió en que cancelara las clases de natación de los mellizos como castigo, y yo decidí que se quedaran sin ver la tele. Alejandro me miró furioso porque los mellizos ven poco la tele.

Los mellizos se pillaron una gripe de tal orden que tuvieron que quedarse toda la vacación conmigo en Buenos Aires.

Alejandro se fue con la Mari y Raulito de vacaciones a Chile.

Tampoco era justo que Alejandro retrasara y mucho menos cancelara sus vacaciones por culpa de los mellizos.

Marina suspiró aliviada cuando se lo conté, Alejandro se molestó conmigo, y como los mellizos no quisieron hablar con él, me despachó a toda velocidad porque Raulito empezó a gritar como un desaforado.

Lo de no ver la tele no fue grave, lo que entristeció más a los mellizos fue dejar de ir a las clases de natación. Aún así decidieron aprender a nadar en la sala. Se ponían sus máscaras de oxígeno y las patas de rana.

Luego levantaban los brazos y movían las piernas en cámara lenta, con Max corriendo a su lado feliz.

Cuando llegaba del trabajo nadaba un rato con ellos, así de paso hacía ejercicio sin tener que mojarme el cabello.

Como tuve que laburar toda la vacación en la biblioteca, tenía libre sólo los sábados por la tarde y los domingos.

Los sábados íbamos a darle de comer al elefantito del zoológico, podíamos estar horas viendo cómo lo lavaban con una escoba y una manguera amarilla. Los mellizos lo bautizaron con el nombre de Elefante Coleta.

Y el domingo nos subíamos al Fiat rojo.

Diego solía conducir a la ida y los mellizos iban cantando en el asiento de atrás con Lara y Manuel. A la vuelta nos turnábamos con Lara para manejar.

Les compré varias láminas de cartón, pinceles y acuarelas. Se empeñaron en construir un rompecabezas gigante. Usaron de modelo el atlas que Alejandro les regaló. Mientras preparaba la cena, ellos me contaban cómo iba evolucionando el proyecto de piezas irregulares como lo llamaban.

Macanudo.

Me pareció una idea genial y los animé a que siguieran adelante.

Hace tiempo que tienen el hábito de completar las frases, como si pensaran al mismo tiempo, una costumbre que irrita a Alejandro. *Estamos por acabar el tercer. Continente y todavía. No sabemos de qué color lo vamos a pintar. Si, todavía no lo sabemos.* Desde el comienzo decidieron pintar los continentes boca abajo y colocar a la Argentina en el centro del mundo.

Con el polo sur en el norte, y con el polo norte en el sur.

Les dije que la Patagonia iba a quedar arriba de toda América y Canadá abajo.

En el universo no existe este, oeste, norte o sur, me dijeron muy serios, no se puede pensar en abajo o arriba.

Me miraron con esa mirada condescendiente de ya lo sabemos mamá que solía llenar de ira a Alejandro, y luego me abrazaron. Cuando querían, podían ser súper dulces.

Me sentí feliz por ellos. Feliz porque tuvieran un proyecto para distraerse. Últimamente llovía casi todos los días y tampoco daba para salir a patear pelota al jardín.

Tardé en darme cuenta que los mellizos además de completar las frases solían repetirse, fue Lara que me lo hizo notar. Quizás lo pintamos de amarillo. Sí, de amarillo no es mala idea. Aunque pensándolo mejor también. También podemos pintarlo de amarillo y azul. Azul con amarillo.

Cuando los mellizos se iban a la cama me sentaba en el suelo para ordenar los lápices y las láminas de colores. Casi siempre acababa pintando. Las nubes me salían lilas, y a veces les ponía alas, así no necesitaban del viento para impulsarse, podían ir de un lado a otro sin ayuda de un motor. Y los patos me salían verdes, y enormes, casi tan grandes como el Elefante Coleta.

Su hija padece una realidad distorsionada, solían decir las profes en las reuniones del cole a mamá.

Como una nena de diez años, cuando cumplí quince.

Juega y habla sola.

Tiene problemas de relacionarse con su entorno y con otros jóvenes de su edad.

Sigue hablando con diminutivos y tiene amigos imaginarios, como si todavía fuese una nena.

Lo que yo hacía tenía sin cuidado a mamá, incluso lo que decían las profes de mí. Iba a las reuniones del cole solo para que el director la viera. Un veterano canoso con costumbres antiguas y pasadas de moda. Le besaba la mano para saludarla. Cuando se jubiló, mamá no volvió a pisar el cole.

Mamá tardaba horas en arreglarse. Solíamos llegar tarde a todas partes. No salía a la calle sin tacones, aunque la pusieran incómoda, incluso para ir al minimercado de la esquina. Quizás por eso mamá adoraba a Marina. Mi amiga se parecía más a mamá que yo.

Alejandro volvió antes de tiempo porque se peleó con la Mari. Llegó un sábado por la noche y vino sin avisar del aeropuerto. Llegó con una pelota y dos camisetas del Colo-Colo para los mellizos, y luego se empeñó en quedarse a cenar con nosotros.

Corrí a ponerme una remera sobre la pijama de ositos que volví a usar desde que Alejandro se fue. Sabía lo mucho que la ropa con muñecos lo fastidiaba. Sobre todo después de que nacieron los mellizos. Lo ponía nervioso que me vistiera como una nena.

Así no puedo, decía, cuando le pedía que me hiciera el amor vestida con una pijama de pingüinos y las pantuflas del gato con botas.

Lo sacaba de quicio que pintara tréboles de la suerte en las mejillas de los mellizos, o los disfrazara de duendecillos del bosque y yo de hada dentina.

—Nenes, muestren a su papá el rompecabezas - sugerí a los mellizos, mientras se cocía el arroz y yo terminaba de preparar la ensalada.

—No, no, hasta que no lo terminemos. Hasta que no lo terminemos no.

Alejandro se puso terco e insistió, pero los mellizos no cedieron, y recién llegado tampoco se quiso hacer de mala sangre con ellos.

Nos sentamos todos a la mesa, como antes, con Alejandro en la cabecera.

Al descorchar la botella de Malbec Alejandro anunció:

—En dos semanas parto a Sicilia para reunirme con un cliente.

Luego hizo una pausa de lo más incómoda y prometió a los mellizos que los llevaría a de viaje a Italia.

Los mellizos primero agradecieron a Alejandro, y luego rechazaron su invitación. Cuando Alejandro les preguntó:

—¿Cuál es el problema de viajar con su papá en avión hasta Italia?

Los mellizos respondieron que ellos prefieren mil veces llegar a Sicilia en el Fiat rojo.

Para ahorrarme la cara de rabia que seguro puso Alejandro dedicada a mí, me levanté con la excusa de servir el postre. Duraznos al jugo con helado.

Caminé rápido a la cocina para ocultar mi cara de felicidad. Cuando querían, los mellizos podían ser súper dulces.

—¿Cafecito? - salí a preguntar a la sala.

—Sí, porfa - dijo Alejandro a punto de prender la tele.

—Es para ver el repris de los goles - dijo sonriendo.

Preparé dos cafés y dos cálices de limoncello. En uno disolví dos pastillas para dormir de las que solía tomar antes.

Quizás así a Alejandro no le queda otra que quedarse a dormir con nosotros, y mañana despertamos todos juntos en la cama grande, como antes, y Alejandro seguro se levanta a preparar el desayuno mientras los mellizos y yo jugamos a las escondidas en el cuarto.

—¿Quién quiere postre? - los mellizos levantaron la mano.

—¿Y limoncello? - Alejandro levantó la mano.

Romeo

Antes de irse a dormir, Julieta decide ponerse una falda verde cortita a juego con unas medias a rayas rojas para ir al trabajo que el turista encontrará irresistibles al día siguiente.

Julieta acaba de cumplir veinticinco años, tres menos que el turista.

Julieta sale con un paraguas de madera, el mismo con el que golpeará al turista por distraída. Y éste terminará en la sala de emergencias. No precisamente por la caída propiciada por Julieta, sino porque una moto pasó por encima de la bicicleta y su cuerpo cuando éste cayó al suelo.

Julieta llegará con el turista inconsciente a la sala de emergencias, a quien las enfermeras bautizarán como Romeo. Y ella les seguirá la corriente.

Unas horas antes de ser atropellado, Romeo decide salir a la calle con un sombrero azul, el mismo que Julieta secará en el baño del hospital mientras Romeo delira por la anestesia.

Cuando Romeo está nervioso, habla más de la cuenta.

Una foto de Romeo tomada cinco años atrás, el año que terminó la facultad: Romeo tiene el cabello largo y lacio, bigotes y una camisa de franela a cuadros.

Ahora Romeo tiene dinero para comprarse camisas de mejor calidad y se corta el cabello con frecuencia. A Romeo le queda bien el cabello corto. El problema de su cabello no es que esté muy corto o tenga algunas canas, lo que le preocupa es que se está quedando calvo.

—¿Y no se puede hacer nada?

—Cirugía con implantes - dijo su peluquero.

—¿Y eso duele?

Sólo de pensar en pasillos con olor a agua oxigenada, Romeo distribuye su cabello lo mejor que puede frente al espejo.

El visitante camina por las calles dibujadas en el mapa.

Avanza en zigzag y al final del día vuelve al mismo lugar donde comenzó. A medida que se familiariza con las calles, el visitante se familiariza con las dimensiones de la ciudad. El visitante cuenta mientras camina, y también camina haciendo cuentas. Para llegar a cualquier parte, debe recorrer un número determinado de calles, girar un par de veces a su izquierda, y otras tantas a su derecha. También le toca esperar unos segundos antes de cruzar la esquina de una avenida que va a parar a una rotonda terriblemente transitada por autos, buses, motos y algunas bicicletas, como la de Romeo.

Una hora antes de salir, Julieta se pinta las uñas de rojo, a juego con las medias rojas que distraerán a Romeo en la esquina de Lombardía con Mesina.

Cabrón, ojalá te zurza un camión de los grandes, fue lo que dijo el chofer enfurecido poco después de frenar en seco.

Y también: ¡Cómo odio a los ciclistas pelotudos! Esto último, Romeo no llegó a escucharlo porque el chofer tenía el volumen de la radio tan alta que sus gritos se confundieron con una voz de mujer que cantaba con la voz rota: Somos un sueño imposible, que busca la noche, para olvidarse en sus sombras.

El visitante camina sin fijarse en las personas que se cruzan con él.

El visitante puede ser una persona miope o distraída por naturaleza, y quizás hasta se haya visto más de una vez en la situación de tener que disculparse con algún conocido por no saludarlo debidamente. Cuando está de visita, lo más probable es que no conozca a nadie kilómetros a la redonda. No por eso, deja de prestar atención a las piernas, los pechos y las caderas que se balancean a su alrededor. Una falda verde, dos pantalones negros, cuatro blusas blancas, cinco tangas y unas medias a rayas rojas. Cuando viajaba con su mujer trataba de disimular mirando de reojo, tosiendo o parpadeando. ¿Qué miras? Su mujer lo conocía, y lo controlaba mejor que nadie. ¡Qué estás mirando!

Antes de ser atropellado, Romeo desayuna en la cafetería del parque, junto al ventanal que da al estanque de patos. Es temprano. Está con resaca. No se fue a la cama borracho, pero casi, y para su mala suerte, cuando estaba a punto de conciliar el sueño, empezó una pelea en el cuarto de al lado. Golpes, risas y gritos de mujer. Pasó una mala noche, aún así se levantó temprano, se duchó y no quiso desayunar en el hotel para no cruzarse con la pareja que no lo dejó dormir.

Romeo está cansado, no tiene muchas ganas de caminar y le duelen los pies.

A la salida, Romeo encuentra a Orlando. Orlando tiene un puesto para alquilar bicicletas. Romeo decide alquilar una por dos horas y Orlando le sugiere que se quede con la bici todo el día.

Romeo suele mirar fijamente a los ojos cuando no entiende lo que dices, y si está de acuerdo dice ajá aunque no esté escuchando.

Romeo tuvo que dejar su licencia de conducir como garantía por la bici, y luego insistió en pagar el alquiler por adelantado, Orlando le recordó que estaría esperándolo hasta las seis.

Dos horas más tarde, Romeo pensará con rabia en Orlando y en sus bicis para alquilar cuando comience a llover.

Orlando todavía no sabe que maldecirá la hora en que alquiló la bici a Romeo. Después de una semana, Orlando cortará en dos la licencia de conducir de Romeo y la dejará dentro del basurero de la cafetería del parque.

A todo esto, Orlando tendrá que pedir dinero prestado para reemplazar la bici que le falta por culpa de Romeo. Desde entonces, Orlando pedirá dinero como garantía del alquiler de las bicicletas, en lugar de licencias o carnets inútiles en un idioma incomprensible.

Antes de ser un visitante a secas, viajaba con su mujer y cuando viajaban juntos se referían a ellos como: el visitante y su mujer. La mujer del visitante suele pensar cada vez menos en él, y cuando lo hace acaba llorando de pura rabia. Ante el llanto de una mujer, el visitante pierde la razón y no responde por sus actos. Cuando una mujer llora cerca de él, lo único que quiere hacer es mandarla a callar, o alejarse lo más rápido posible.

Una foto de Julieta tomada poco antes de cumplir dieciocho años: Julieta usa lentes de contacto porque es demasiado presumida y coqueta, o eso es lo que la mamá del ex novio de Julieta opinaba de ella.

Cuando Julieta está nerviosa, prefiere quedarse callada.

Su ex novio, decía que las gafas deslucían los ojos azules de Julieta. Los ojos azules de Julieta sólo eran comparables con los labios rojos de Marilyn, según su ex novio. Así convenció a Julieta que con gafas se veía mal. Los ojos de Julieta se irritaron sistemáticamente todos los días, a pesar de las gotas lubricantes recetadas por el oculista que usó cada dos horas durante varios años. Julieta comenzó a usar gafas poco después de terminar esa relación. Unas gafas gruesas de pasta de color azul, a juego con el color de sus ojos.

Romeo y Julieta hablan muy poco.

Julieta apenas entiende lo que dice Romeo y a Romeo le pasa lo mismo con Julieta. No por eso Julieta deja de visitar a Romeo todos los días. Romeo sonríe cuando llega Julieta, y las enfermeras llaman a Julieta la novia.

Esto Romeo lo entiende y Julieta se sonroja.

Cuando Romeo está dormido, Julieta se sienta junto a su cama en un sillón comodísimo junto a la ventana. Para él no hay nada mejor que despertar junto a ella. Julieta lee el informe del tiempo y el horóscopo. A veces también lee un libro de poemas en portugués que le regalaron en su cumpleaños. *O que me tranquiliza é que tudo o que existe, existe com uma precisão absoluta.* Él cierra los ojos y se deja llevar por la voz de ella. A veces también cierra los ojos y sonríe. Ella lo mira y sigue leyendo. *O bom é que a verdade chega a nós como um sentido secreto das coisas. Nós terminamos adivinhando, confusos, a perfeição.*

Para llegar a la esquina donde Julieta golpeó a Romeo, ella atraviesa el parque en el que él desayunó y luego alquiló la bici a Orlando.

Al visitante, Julieta le parecerá linda, caminando a toda velocidad, con sus medias y sus labios a juego.

Al entrar en el parque, Julieta piensa en lo incómodo que resulta cargar con el paraguas de madera, y se arrepiente de haberlo traído.

Julieta vive sola. Y su mamá vive al lado. Son vecinas. Suelen desayunar juntas. La mermelada de frutillas con tostadas sólo es comparable con los panqueques de manzana con dulce de leche que hace su mamá. Una delicia. Mientras camina por el parque, Julieta piensa en las múltiples posibilidades de panqueques con rodajas de plátano, salsa de chocolate, miel, y frutillas con helado de vainilla.

El visitante lee la sección de deportes del periódico local mientras toma un café sentado en la misma mesa que acaba de liberar Romeo. Entiende muy poco, intenta leer en el sentido de las agujas del reloj y sigue sin entender. Las fotos de la rubia con el cabello largo y las tetas al aire coronando la jornada de la liga resultan mucho más interesantes que las noticias incomprensibles del periódico. Sin su mujer el visitante tiene más tiempo para todo, pero también se aburre más. Para pasar el tiempo, se distrae con diálogos imaginarios, más bien preguntas que su mujer solía hacerle. ¿Tienes hambre? ¿Está frío tu café? ¿Le falta sal a tus huevos revueltos? ¿Trajiste una corbata de repuesto? ¿Tomaste tus vitaminas? Todavía se asombra de ser capaz de hacer todo solo y prescindir de los cuidados, y las preocupaciones, de su mujer.

Julieta aún no sabe que mañana atravesará el mismo parque con un panqueque envuelto en dulce de leche y otro con salsa de chocolate para Romeo, ambos dentro de una servilleta azul para que no se enfríen. Romeo nunca llegará a conocer a la mamá de Julieta, aún así mandará saludos para ella.

Romeo nunca volverá a probar panqueques tan ricos como los que ella enviaba al hospital. Y para la mamá de Julieta, Romeo no será más que otra oportunidad perdida para su hija.

Romeo tampoco llegará a conocer a las mejores amigas de

Julieta. Ellas se enterarán de Romeo porque durante toda una semana Julieta llegará atrasada al atelier, no almorzará con ellas, y tampoco se irán a tomar un vino todas juntas después del trabajo. Las tres trabajan en un atelier de arquitectura, se conocen desde la facultad. Toda una vida. Esa semana Julieta almorzará sándwiches fríos en la cafetería del hospital. Como las amigas de Julieta nunca conocieron a Romeo, pensarán que fue un invento de Julieta para salir de la rutina, y se lo perdonarán porque al final de cuentas Julieta es una buena amiga.

A Julieta no le importa lo que sus amigas piensan de ella, o de Romeo. Y nunca más volverá a mencionar a Romeo, como tampoco volverá a cruzar el parque donde desayunó el visitante y Romeo el día que fue atropellado. Julieta preferirá mojarse cuando llueva antes de salir con un paraguas en la mano.

Y su mamá dejará de preparar panqueques de manzana para el desayuno porque a Julieta le dejarán de gustar. Para el desayuno, Julieta comenzará a comer cosas saladas. Huevos revueltos, espárragos, queso, que acompaña con tostadas con mantequilla.

El visitante avanza sin prisa. Deambula.

Antes, cuando el visitante y su mujer salían a pasear, tenían la costumbre de caminar tomados de la mano. Ahora, el visitante tiene la costumbre de caminar con las manos en los bolsillos.

Cuando está de viaje, no tiene que llegar a tiempo a ninguna parte.

Antes su mujer lo apuraba para todo. ¡Siempre llegando tarde!

Y el visitante solía sentirse nervioso, apurado, cansado.

Tarde, ¿para qué? Se pregunta ahora.

Una foto de Romeo diez años más tarde: totalmente calvo,

sonríe junto a una niña con un vestido amarillo y una flor en el cabello. La niña tiene los ojos verdes y detrás de la foto leemos una inscripción que seguramente escribió tras revelar la foto: Papá y Julieta de viaje en Pisa. Romeo tiene el tronco ligeramente inclinado hacia la izquierda, es difícil saber si a consecuencia de un accidente que tuvo con una bicicleta hace años en el que su columna se desplazó a la derecha por causa de la fractura de su omóplato izquierdo. Romeo, que se ha vuelto a dejar crecer el bigote, mira fijamente a la cámara y sonríe.

Romeo nunca sabrá que Orlando se ganó la lotería un año más tarde de alquilarle la bicicleta. Con el dinero Orlando pagó una pequeña deuda, y con lo que le sobró compró la cafetería del parque frente al estanque de patos. Orlando nunca ha sido tan feliz.

Una foto de Julieta a punto de cumplir treinta años: ríe junto a sus amigas de toda la vida. Las tres están sentadas en la playa junto a dos niños que juegan con un balde rojo. Es difícil saber si son los hijos de Julieta, o de las amigas. Las tres sonríen felices. Julieta es la única que tiene un sombrero. Una de ellas tiene un biquini azul con flores que le sienta de maravilla. Y la otra lleva un vestido blanco que contrasta con su cabello negro y larguísimo.

No sabemos si Julieta aún recuerda a Romeo, quizás ahora para Julieta el recuerdo de Romeo se confunde con los panqueques con dulce de leche que su mamá ha vuelto a preparar para el desayuno.

Cuando le dan el alta del hospital, Julieta no está.

Él la espera, y ella no llega.

Romeo la espera sentado encima de su cama tendida. En la silla que solía ocupar Julieta. En los asientos del pasillo junto a su cuarto. En la entrada del hospital. En la cafetería.

Él sale por la puerta principal y gira a la izquierda. Ella gira a la derecha y entra por la puerta de atrás. Mientras se aleja, Romeo piensa que Julieta es demasiado linda para estar con él. Y cuando Julieta entra al cuarto vacío se pregunta porqué se fue sin despedirse de ella y ni siquiera la invitó a tomar un café, después de todos los cafés con leche que compró para él.

El visitante puede terminar este viaje caminando de espaldas, con los ojos cerrados, o la nariz arrugada. Es posible que avance de pie, resbalando o corriendo. Se desplaza en silencio, cantando, o intentando hablar con su ex mujer por teléfono para contarle que acaba de ver un accidente en el que atropellaron a un joven que iba en bicicleta.

Abril en París

Et la main dans la main

Ils vont sans se frapper

Regardant en chemin

Si Paris a changé

"A Paris...", Francis Lemarque

La oferta era demasiado buena como para rechazarla. Irresistible.

Un sueldo generoso, vacaciones pagadas, un monto designado para llevarse los muebles de la casa si así lo querían, y un colegio privado para los niños.

No los tenían, pero ya iba siendo hora de pensarlo en serio. Lo habían discutido varias veces. Él a favor de tener muchos y cuanto antes. Ella no lo tenía claro.

Con este sueldo podemos permitirnos alimentar y vestir a todo un equipo de fútbol, decía Hugo riéndose. Tres o cuatro como mínimo.

Y Abril se atoraba con su propia saliva.

Discutieron los pros y los contras de mudarse. Esta es la única manera de asegurarnos de que estamos tomando una buena decisión, decía él. Ella se dejaba llevar.

La lista de contras sólo tenía un elemento. Alejarse de sus respectivas familias, pero las vacaciones pagadas una vez al año la compensaban de cierta manera.

La lista de las ventajas era considerable, y seguía en aumento. Ahorros, seguro de salud de primera, Abril no tendría que trabajar.

Se pusieron un límite de cinco años como máximo, y un año como mínimo.

Decidieron dejar sus muebles y alquilar su casa, por si acaso.

Una nunca sabe, decía Abril a su amigas.

Todas asentían muertas de envidia ante la aventura que se abría para Abril, tanto tiempo disponible para dedicarse a pasear, ir de compras, hacer ejercicio, ver la tele.

—Lo primero es la familia - decía Abril.

—Claro que sí, eso mismo - respondían ellas aclarándose la garganta para disimular el resentimiento que se acumulaba en sus lenguas, y en sus mejillas.

Llegaron a París. Llovía. La ciudad olía a menta fresca, como a pasto recién cortado.

Entre alquilar un departamento y amueblarlo pasó un mes.

Nos quedan once meses para completar el plazo mínimo, dijo Hugo, mientras Abril preparaba el aderezo de la ensalada de lentejas con rúcula y queso fresco para la cena.

Hugo abrió una botella de Bordeaux, y Abril cortó la baguette, todavía caliente.

Aquí hornean el pan tres veces al día, comentó Abril. Comer pan que no está fresco o descongelado *c'est une domage, vraiment un domage*, simplemente no se hace.

Hugo sonrió y le dio un beso en la frente.

Se sentaron en la mesa de la cocina, la mesa del comedor les quedaba demasiado grande.

—Para cuando vengan los invitados - dijo Abril.

—Y para cuando lleguen los niños - dijo Hugo. Quizás si en la sala no fuese todo blanco nos sentiríamos más cómodos.

Al contrario de Hugo, a Abril, los muebles modernos y la decoración minimalista del nuevo departamento la reconfortaba.

Además, el blanco te da la sensación de más luz y más espacio, le había dicho la de la inmobiliaria. *C'est chic.* Y Abril estaba de acuerdo. *C'est chic!*

Abril decoró el nuevo departamento a su medida. Sin pensar en los comentarios o los pareceres de su familia, o sus amigas. Lo más seguro es que no los vendrían a visitar nunca. Su madre odiaba volar, y su padre no salía de casa sin su madre. Y sus suegros estaban demasiado mayores como para visitarlos, aunque nos encantaría, le había dicho su suegra antes de despedirse.

Por primera vez en su vida, Abril no se sentía en la obligación de agradar a nadie, ni con sus muebles, ni con la comida que preparaba, ni con los zapatos que vestía.

Su nueva casa tenía lo mínimo. Abril sabía que aquí nunca llegarían los muebles heredados, pasados de moda, enormes, inútiles, que además no combinaban con nada. Los muebles antiguos de madera maciza, ya se sabe, duran una barbaridad.

Su nueva casa no llegaría a verse como un museo, con muebles amontonados por todas partes, con ese olor a guardado que tanto detestaba. Muebles que habían pertenecido a otras casas, que recibía sin protestar porque era hija única, no tenía hermanos para compartir la generosidad de sus padres y sus dos tías solteronas.

Su hermano, Lucas, murió antes de cumplir los veinte años.

Una vez instalados, Abril solía levantarse junto con Hugo, desayunaban juntos, Hugo salía al trabajo, y Abril se duchaba y salía a dar un paseo. Cuando no tenía ganas de caminar alquilaba una bicicleta. Así hago ejercicio, le había dicho a Hugo.

Desde que llegaron, Abril perdió dos kilos. Su ropa le quedaba suelta y sus pantalones se le caían si se olvidaba de ponerse un cinturón. Esto la animó a comer cada vez menos. Se prometió dejar el pan sólo para el desayuno. En el almuerzo comía ensaladas que acompañaba con vino blanco o agua con gas y limón, *eau pétillante avec citron*.

Se propuso bajar dos tallas de jeans en un año.

Abril tenía las piernas largas, quizás con diez kilos menos podría vestir pantalones blancos sin sentirse incómoda, apretada, gorda.

Entre las mujeres que solía ver sentadas en las cafeterías de su barrio, vio a más de una vestir pantalones blancos. A todas ellas les sentaba fenomenal. Eran mujeres seguras de sí mismas, algunas solas, otras con amigas, o con niños. Esbeltas y elegantes. Nunca tomaban más de un café corto sin azúcar, y para el almuerzo una ensalada les bastaba.

No como sus amigas que tomaban Coca-Cola light en la comida, y luego se despachaban un litro de helado frente al televisor, para luego matarse de hambre dos semanas seguidas antes del próximo bautizo, primera comunión o boda, donde volvían a atiborrarse de comida para luego volver a caer en una dieta de lo más estricta.

Aquí Abril no conocía a nadie. No tenía cenas, almuerzos o cumpleaños en los que se veía obligada a comer más de la cuenta para agradar a los anfitriones. Podía comer lo que quisiera y organizar su día como le viniera en gana. Los compromisos con los colegas de Hugo eran esporádicos, una vez al mes como mucho.

Por primera vez en su vida Abril se sentía completa, en paz. Se sentía ella misma. Era feliz. Y Hugo al final se terminaba conformando con lo que fuera, nunca fue muy exigente. Sólo se puso intransigente con el asunto de las cortinas. No se sentía cómodo viviendo en una casa sin privacidad.

—Como si fuese una pecera, así nos pueden ver todos - dijo avergonzado.

—Pero si nadie nos conoce - respondió Abril.

—No tenemos intimidad - protestó.

Abril accedió a resolver el asunto de las cortinas antes de que Hugo volviera del primer viaje de negocios, de muchos que le seguirían.

Desde que llegaron, Abril colgó sobre el refrigerador una lista de los pros y los contras de vivir en París. El propósito es analizar objetivamente, decía Hugo limpiándose las gafas, cómo nos sentimos de aquí a un año para decidir si nos quedamos otros cuatro años, abriendo todos los dedos de la mano.

Abril anotó FAMILIA y AMIGAS LEJOS en la columna de contras sólo para complacer a su marido, aunque por dentro saltaba de alegría.

Todas las mañanas, Abril colocaba sobre la mesa de la cocina su diccionario de frases útiles. *Lexique pratique*, una guía gourmet de la ciudad, y otra guía que prometía todo París a pie. Aprovechaba para practicar lo que se acordaba de sus clases de francés. Desempolvaba las frases de Madame Petit, que quizás ya no se usaban ahora, pero igual se hacía entender. Repasaba de memoria las lecciones de su libro de texto. *Mes vacances, mon weekend, saluer, bulletin météo, demander des nouvelles, les rituels de la carte postale.*

Por las mañanas Abril se dedicaba a explorar la ciudad y por las tardes solía ir al cine. Así practico mi francés le había dicho a Hugo. A su marido le hacía menos gracia tener que aprender el idioma, hasta le habían puesto una profesora particular para acelerar su aprendizaje.

Utilizo el lenguaje universal de los números, decía, Hugo era matemático. No necesito aprender francés le dijo a su mujer con un guiño mientras abría una botella de Languedoc.

Para Abril la ciudad le era familiar. Difícilmente se perdía. Se sabía las paradas de metro de memoria. Boulevard de Strasbourg, Pont d'Austerlitz, Porte de Vincennes, Porte-Dauphine. Como si ya hubiese vivido aquí antes. Podía recitar la primera línea de su libro de texto dedicado al metro. *Le métro de París. La ligne 1 du métro de Paris est une des seize lignes du réseau métropolitain.* Cerraba los ojos y veía el mapa del metro de la ciudad delante de ella, junto con *quelques adverbs de lieux y savoir demander des renseignements.*

Abril se sorprendía de su facilidad para recordar su francés y la velocidad con la que lo mejoraba, o su familiaridad con las calles de la ciudad.

Quizás tenía que ver con las dimensiones de la ciudad. Como decía su papá, que construía casas y las remodelaba. Nos sentimos cómodos en una ciudad que está construida a nuestra medida.

Para Abril, París estaba hecha a su medida. Sin embargo, lo ocultaba. Fingía extrañar a sus padres. Cuando hablaba con ellos se quejaba de los precios exorbitantes de la comida.

Ir al supermercado me sale un ojo de la cara, decía convencida. Como si las uvas las lavaran en oro añadía su mamá indignada. Pobre la niña, escuchaba que decía su papá del otro lado de la línea. Y ella sonreía, mientras anotaba SUPERMERCADO CARÍSIMO en la columna de los contras.

A los dos meses de haber llegado, subieron a la torre Eiffel. Y luego se acercaron caminando a los jardines de Luxemburgo. Hugo la abrazaba de la cintura, como antes, cuando recién comenzaron a salir juntos. Y Abril inspiraba hondo, concentrándose en meter la panza y alzar el culo hacia atrás. Con suerte hoy tendrían una de esas noches, en las que juntos terminaban una botella de Bordeaux después de la cena y Abril amanecía al día siguiente con dolores en las ingles. Feliz, satisfecha de sí misma.

De la nada, Lucas pasó corriendo en sentido contrario.

Abril tardó unos segundos en darse la vuelta. Demasiado tiempo. Unos segundos eternos, en los que se preguntó si era posible que fuera su hermano el que acababa de cruzarse con ellos. No el Lucas que murió hace diez años. Un Lucas con diez años más, que tendría la edad de su hermano ahora si no hubiese muerto.

Cuando se dio la vuelta ya era tarde. Su vista se perdió entre la multitud, sin dar con Lucas. Había mucha a gente. Era lógico, un domingo por la tarde de verano los jardines de Luxemburgo estaban atestados de parejas, familias, y turistas.

Para qué preocupar a Hugo. No dijo nada. Se sintió feliz de haber visto a un Lucas feliz, a punto de cumplir treinta años, algo canoso, y vivo. ¡Vivo!

Quizás tiene hijos, o hijas, pensó, y yo soy tía. ¡Tía!

Hugo le preguntó por qué sonreía, y ella dijo que se había acordado de un chiste muy malo de los que solía contar su padre, y que no valía la pena contarlo.

Hugo sonrió y volvieron a casa.

Esa noche, Abril apenas durmió de emoción, pensando si Lucas sería feliz. Lógico que lo viera corriendo. A Lucas siempre le gustaron los deportes. Correr, nadar, patear pelota.

¿Se habrá casado con una francesa? Una con sentido del humor seguro.

¿Tendrá hijos? Dos niñas preciosas.

Abril reemplazó en su memoria la cara de un Lucas desfigurado por el accidente (lo atropelló un camión) por la cara feliz y sonriente de su hermano diez años después. Su único hermano. Antes de dormirse pensó, Lucas va a envejecer, como yo. Y se durmió con una sonrisa.

Esa noche Abril soñó con los ojos transparentes de su hermano, una mirada inocente y honesta que la reconfortaba. Lucas hablaba poco, pero cuando lo hacía decía lo que pensaba, exactamente como la idea se formulaba en su cabeza, sin temblores en la lengua, como le sucedía a Abril.

Los días que siguieron, Abril se preguntaba si volvería a ver a Lucas. Volvió a los jardines de Luxemburgo. Lo buscó entre los hombres que corrían. Y nada.

Al despertar Abril se preguntaba qué estaría haciendo Lucas ahora. La reconfortaba la idea de su hermano viviendo en la misma ciudad que ella. La posibilidad de Lucas hablando en francés la hacía feliz. Siempre fue bueno para los idiomas. En realidad para todo lo que se propusiera. Los deportes, la guitarra, las carreras de motos.

A los tres meses de haber llegado a París, Hugo volvió a tocar el tema de los hijos. Lo hizo después de la cena en un restaurante chic del canal Saint-Martin, un barrio que su guía de bolsillo definía como *bobo* en el que Abril se veía viviendo el resto de su vida, muy cerca de les Marais, donde la empresa en la que trabajaba Hugo les sugirió instalarse. Central, elegante, y carísimo. ALQUILER MUY COSTOSO, anotó mentalmente Abril.

—Quizás podríamos comprarnos un departamento aquí - dijo Abril balanceándose en el asiento junto a unos ventanales enormes con vista al canal. Si decidimos quedarnos más años, claro, añadió.

La divertía la idea de ser una *bobo*.

—Seríamos dos - dijo Abril rompiendo el caramelo tostado del *crème brûlée*, que decidieron compartir para el postre.

—También podemos ser tres *bobos* - dijo Hugo. O cuatro.

Abril sonrió. Se atragantó con el caramelo y pidió más agua.

Para Abril era difícil explicar a Hugo que necesitaba más tiempo.

¿Tiempo para qué? No lo sabía. No se sentía lista, y tampoco lo veía como algo inevitable, como Hugo. La idea de no llegar a ser mamá no la molestaba. Quizás Abril no sería mamá nunca, pero cómo explicarle a Hugo que quizás él tampoco se convertiría en papá. Eso era más difícil. Era injusto y doloroso decirle a un Hugo que había empezado a llenar los cajones del ropero del cuarto del bebé con ropita diminuta, muñecos de colores, pelotas y cajitas musicales, que quizás Abril no había nacido con vocación para ser madre. Se sentía culpable. Una egoísta.

Los dos meses que siguieron Hugo tuvo que viajar mucho, y cada vez que volvía le traía un regalo, además de los regalos cada vez más numerosos para el bebé. Abril fingía que se quedaba apenada con sus largas ausencias, pero los viajes de su marido le daban más tiempo y libertad para hacer lo que quisiera. VIAJES FRECUENTES DE HUGO.

Además, no tenía que cocinar en casa.

Y Abril comía cada vez menos. Desayunaba una tostada con *confiture* y *beurre salé* y café sin azúcar. Al mediodía una ensalada.

Y en la noche pescado *aux legumes*, o *soupe de carotte gingembre*, que compraba en una tienda gourmet en la esquina de su casa.

Abril ya no iba por los jardines de Luxemburgo. Para qué. Lucas podía moverse por cualquier parte, como ella, que cada semana se dedicaba a explorar un barrio nuevo de la ciudad.

O quizás Lucas vivía en las afueras, en una casa espaciosa y con jardín para las niñas.

Una vez a la semana, Abril salía sin desayunar y caminaba hasta una panadería pequeña, a una cuadra del canal Saint-Martin. Du Pain et des Idées. La encontró al mes de llegar a París, y se prometió probar todos y cada uno de los pasteles que vendían. Lo haría de a poco, uno por semana.

Su favorito era *l'escargot chocolat pistache*, pero también se le hacía agua a la boca cuando veía los *pains au chocolat* y los *pralinés*. Los domingos solían desayunar con Hugo *le pain des amis* que Abril salía a comprar muy temprano.

Al contrario de Abril, Hugo había engordado cinco kilos desde que llegaron.

Es por los viajes, la comida de los aviones, y los aeropuertos, decía Hugo. Es malísima, corroboraba Abril echada sobre la panza enorme y blanca de su Hugo, llena de pecas, como la de una ballena con alergia. Su ballena.

Una noche, con Hugo de viaje, al salir del cine Abril vio a la abuela Nonó. Había envejecido, como Lucas, como ella. Caminaba con dificultad al lado de una niña preciosa de ojos azules y cabello muy rubio, que Abril tuvo la certeza sería la hija de Lucas.

Las siguió como hipnotizada, hasta que desaparecieron en un taxi blanco. La abuela Nonó vive en París, como Lucas, como yo, pensó Abril saltando de felicidad. No podía creer la suerte que tenía. Todos viviendo en la misma ciudad.

Esa noche no aguantó y se lo contó a Hugo.

Le contó que había visto a su abuela, saliendo del cine con la hija de Lucas. Hugo se quedó en silencio. Abril le habló de la enorme coincidencia de que a la hija de Lucas también le gustaran las películas francesas, como a ella cuando era chica y la abuela la acompañaba los jueves de cine en la academia de lenguas.

—Abril, mi amor, ¿estás bien? - dijo Hugo con un tono de preocupación que a Abril se le quitaron las ganas de seguir hablando con él, y colgar el teléfono. Puedo volver antes si me necesitas mi vida, añadió.

Abril se dio cuenta que había metido la pata, y cambió de tema. Se prometió no volver a mencionar el tema con Hugo.

Hugo le preguntó si quería adelantar el viaje de fin de año a casa. Así estarías menos sola y más tiempo con tus padres y tus amigas.

A Abril se le revolcó el estómago, y no dijo nada.

Se prometió tener más cuidado la próxima vez, y anotó la palabra SOLEDAD en la columna de contras.

A pesar de haberle dicho que no hacía falta, Hugo volvió antes de tiempo y adelantó las vacaciones pagadas a casa.

Abril hizo las maletas a regañadientes. Tres semanas lejos de París, de la posibilidad de volver a ver a Lucas, a la abuela Nonó y a su sobrina la torturaban, pero no dijo nada. A última hora compró una colección de suvenires para la familia y otra para las amigas.

Abril se esforzó por comer todo lo que le pusieran en el plato, no se enojó con las bromas pesadas que le hicieron sus amigas, los amigos de Hugo, su familia, y la familia de Hugo.

Se limitó a sonreír cuando le dijeron que estaba muy flaca, que para cuándo los hijos, queremos nietos. Se sintió enferma con la comida. Vomitó un par de veces porque ya no estaba acostumbrada a tener el estómago lleno, a punto de reventar, sin espacio para una gota más de Coca-Cola light.

Como un mantra Abril repetía en su cabeza *eau pétillante confiture, citron, escargot au chocolat, crème brûlée.*

Se sintió enferma con las conversaciones de siempre.

Para Abril fue difícil no sonreír en el aeropuerto, ante toda la familia y los amigos que fueron a despedirlos.

—Tienes que alimentarte bien mi hija, no puedes descuidar tu figura - le dijo su mamá al oído. Saludable, añadió antes de darle tres besos, uno en cada mejilla, y el tercero en la frente.

—Estamos ansiosos de convertirnos en abuelos - le dijo su suegra con un guiño primero a Hugo y después a ella.

—Querida, no dejes de ser la envidia de esas europeas estiradas y planas - le dijo su madrina. Parecen todas unas adolescentes sin nada de curvas las pobres, añadió, pellizcándole las mejillas como cuando era niña.

Abril se sentía aliviada, la tortura había acabado, volvía a París, al fin.

París los recibió cubierta de nieve. Su departamento reconfortante. Vacío, silencioso.

Abril volvió a sentirse completa. París me sienta bien, se dijo. Como a Lucas, como a la abuela Nonó.

Al día siguiente volvió a los jardines de Luxemburgo. Alerta. Lista para correr detrás de Lucas. En la tarde fue al cine, llegó media hora antes de que empezara la película y salió antes de que acabara a la espera de ver a la abuela y a su sobrina.

A fines de febrero, los invitaron a esquiar a los Alpes.

Ninguno de los dos sabía esquiar, pero igual aceptaron. El primer día hicieron el esfuerzo de aprender. Alquilaron los trajes, las botas y los esquís. Subieron con los colegas de Hugo en el teleférico. Una vez arriba, Hugo y Abril se quedaron en la pista de los niños aprendiendo a deslizarse pendiente abajo. Al mediodía hicieron una pausa en la cafetería. Pidieron dos sopas à l'oignon que acompañaron con pan y *fromage de chèvre frais*.

En la tarde Abril se quedó sentada en el café leyendo su guía de París y tomando chocolate caliente. Hugo volvió a intentarlo. Esa noche Abril se dio un baño y Hugo se quedó dormido con la ropa puesta. Exhausto. Al día siguiente, Hugo apenas consiguió bajar a desayunar, y Abril tuvo que pedirle a su marido que la ayudara a vestirse, sus manos le dolían tanto que apenas conseguía levantarlas. Sus piernas todavía tenían moretones por las caídas en la nieve.

Decidieron volver a París en tren. Para adelantar el trabajo pendiente, se disculpó Hugo ante sus colegas. Llegaron a tiempo para el almuerzo.

Abril preparó unos tallarines de albahaca con queso y Hugo se quedó profundamente dormido después de comer.

Abril decidió salir a dar una vuelta. Se metió en el metro y todavía estaba decidiendo dónde iría cuando levantó la vista y vio un hombre muy parecido a Hugo, de espaldas a ella.

Con tantos turistas, Abril no pudo verlo bien, hasta que éste se bajó en la siguiente estación. Ella lo siguió.

A Abril le entraron escalofríos cuando se dio la vuelta. Era Hugo, ahora estaba segura. Él le cedió el paso para entrar en el ascensor y Abril apenas pudo contenerse, se limitó a devolverle una sonrisa.

Ahí estaba Hugo, delante de ella. Había envejecido y tenía canas, como ella, pero no había engordado y tampoco usaba gafas. Al fin decidió operarse, pensó Abril complacida. Antes de salir del ascensor le dijo *bonne journée*.

Ella lo siguió.

No le sorprendió que hablara francés a la perfección. Si Hugo entiende el lenguaje universal de los números, le pareció lo más natural del mundo que fuera capaz de aprender francés si así se lo proponía.

Hugo caminaba rápido, vestía unos pantalones cafés, de pana, le quedaban holgados, igual que hace cinco años, cuando Abril lo conoció en casa de unos amigos en común.

Hacía frío.

Un día soleado de febrero.

Abril sentía cómo su cuerpo y sus mejillas se calentaban con la caminata.

Hugo dio la vuelta en la esquina y Abril lo vio entrando en el parque de Buttes-Chaumont.

Lo buscó con la mirada, pero no lo vió. La distrajo un perro enorme que una mujer acariciaba con la punta de los dedos mientras leía una revista. La mujer le resultó vagamente familiar, pero estaba muy lejos para distinguir sus rasgos.

Hugo estaba arrodillado junto a una niña. Tendría unos tres o cuatro años. Llevaba una abrigo rojo, diminuto, a juego con unas botas rojas. El perro ladró. Los dos se acercaron a la mujer riendo.

La niña gritó. *Maman, maman!*

La mujer levantó la vista, era ella, la otra Abril. Parecía feliz.

Agradecimientos

Esta colección está dedicada a Martín y a León por hacerme feliz. Muchos de estos cuentos fueron escritos y editados mientras León soñaba, gateaba o jugaba a mi lado.

Agradezco a Asdrúbal Hernández y al equipo de Sudaquia por creer en este proyecto.

A María José Navia, quien me ayudó a sacar estos cuentos del cajón.

A mi lector de tantos años, mi hermano Bernardo Zabalaga.

A Rhonda Buchanan, Lois Baer Barr, Daniel J. Hanna y Gizella Meneses por haber apoyado el proceso y la conclusión de esta colección.

¡Gracias!

www.sudaquia.net

Colección Sudaquia

Otros títulos de esta colección:

Florencio y los pajaritos de Angelina su mujer — Francisco Massiani

Goø y el amor — Claudia Apablaza

Hermano ciervo — Juan Pablo Roncone

Intriga en el Car Wash— Salvador Fleján

La apertura cubana — Alexis Romay

La casa del dragón — Israel Centeno

La fama, o es venérea, o no es fama — Armando Luigi Castañeda

La filial — Matías Celedón

La huella del bisonte — Héctor Torres

Las islas — Carlos Yushimito

Los jardines de Salomón — Liliana Lara

Médicos, taxistas, escritores — Slavko Zupcic

Nostalgia de escuchar tu risa loca — Carlos Wynter Melo

Papyrus — Osdany Morales

Punto de fuga — Juan Patricio Riveroll

Sálvame, Joe Louis — Andrés Felipe Solano

Según pasan los años — Israel Centeno

Tempestades solares — Grettel J. Singer

Todas la lunas — Gisela Kozak

Made in the USA
San Bernardino, CA
16 October 2016